02

京都大学「立ち止まって、考える」
連続講義シリーズ

災害の環境史

科学技術社会とコロナ禍

Kyoto University
“Let Us Rethink Radically”

瀬戸口明久

ナカニシヤ出版

はじめに

本書は、二〇二〇年七月から八月にかけて、京都大学人社未来型発信ユニットが配信したオンライン講義シリーズ「立ち止まって、考える」の一部として行った講義をもとにしています。

この年の三月に新型コロナウイルス感染症（COVID-19）の世界的な流行がはじまり、日本でも四月から五月にかけて、初めての緊急事態宣言のもと、不要不急の外出の自粛が呼びかけられました。外出時のマスクの着用がマナーとして定着しはじめたのも、この頃のことです。この講義シリーズは、コロナ禍で在宅を余儀なくされている社会人や学生のみなさんに、人文学・社会科学の視点を提供するために企画されたものです。

私の講義は、「「災害」の環境史――科学技術社会とコロナ禍」というタイトルのもと、COVID-19を含めていくつかの災害について歴史的に考えるというものでした。ただし私は、災害の専門家ではありません。そのため、いかにして災害を減らすのかという防災の観点は、本書にはまったくありません。むしろ本書で考えたいのは、そもそも「災害」とは私たちにとって何なのかということです。「災害」というと、荒ぶる自然が人間に与える甚大な被害というイメージがあると思います。たしかにかつての自然災害は、そのようなものでした。しかし科学技術が高度に発達した現代社会においては、災害は人間の世界の内部に組み込まれています。そのような現代の災害から、人間と自然の関係について考え、さらには人間のあり方について考えることが、本講義の目的です。第一講でも述べているように、環境史は人間から見た世界観を相対化する歴史学であり、人文学とはものごとを根元的に問い直す営みです。本書の視点は防災に直結するものではありませんが、読者のみなさんが「災害」についての考察を深める一助となれば幸いです。

講義を書籍にするにあたっては、文字起こしをもとに読みやすく修正し、もっと深く知りたい方のために注で文献などの情報を追加しました。また講義では引用できなかった図版なども追加しました。ただし講義のライブ感を残すために、論旨は基本的にもとの講義のままにしてあります。そのため二〇二〇年七月時点の視点で書かれていることに留意してください。ただし本書の視点は、コロナ禍が落ち着いてきた現在でも通用するものであると考えています。本書のおもな論点は、「科学技術社会」は次々と新たな災害をもたらす一方で、災害を日常のなかに埋め込んでいく機構を持っているということです。本書は「科学技術社会」という用語を、やや特殊な意味で使っています。それは単に科学技術が高度に発達した社会というだけの意味ではありません。私にとって「科学技術社会」とは、私たちを包みこむ環境であり、私たちが生きている世界そのものです。

この講義そのものも、現代の科学技術社会がつくる情報環境のなかから生まれたものです。講義はYouTubeで配信され、チャット機能を通して、視聴しているみなさんからのコメントや質問を受け付けました。講義をはじめる前はどうなることかと思っていたのですが、思いがけず多くの方に聴いていただき、たくさんの的確なコメントをいただきました。さらに回を重ねるごとに、核心を突くようなコメントがどんどん書き込まれるようになりました。それらのコメント、質問の一部についても、各回の末尾に質疑応答として入れてあります。そういった意味で本書は、受講されたみなさんとの共同作業を通してできあがったものです。

本書は、新しい感染症の不安が広がりつつあった時期に行った講義をもとに、コロナとともに生きる日常がつくられつつある時期に書き上げられたものです。二〇二三年五月、COVID-19は「新型インフルエンザ等感染症」からはずされ、5類感染症に移行しました。近い将来にCOVID-19は、完全に私たちの日常のなかに組み込まれるでしょう。それでもCOVID-19について振り返ることには意味があるはずです。科学技術社会は次々と新しい災害をもたらします。未来に必ず来るであろう新しい災害を考える上でも、本書の視点は有効であると私は考えています。

目次

本書のもととなったオンライン講義は以下のサイト等から確認できます。

連続講義（2）環境史——「災害」の環境史：科学技術社会とコロナ禍　https://ukihss.cpier.kyoto-u.ac.jp/1789/

第一講

「コロナ禍」とは何か

――病気の環境史

2020年7月4日

こんにちは。それでは京都大学オンライン公開講義「立ち止まって、考える「災害」の環境史」をはじめます。

この講義を担当する瀬戸口といいます。専門は科学史です。もともとは生物学を勉強したのですが、そのあと科学史に移りました。科学史という分野は、社会のなかで科学技術がどのような役割を果たしているのかを歴史的に研究していく学問です。私はおもに日本の生物学の歴史など、環境にかかわる科学技術の歴史を研究してきました。そのなかで関心を持つようになったのが、環境史という分野です。

環境史は、一九七〇年代に登場した比較的新しい学問で、人間と自然の関係について考えていく歴史学です。それまでの歴史学では多くの場合、人間の歴史が語られてきました。つまり政治や社会、文化の歴史というようなものです。それに対して環境史は、自然の側から歴史をとらえなおしていく学問です。私は科学技術の歴史を研究するなかで、人間の視点だけから見ていても不十分なのではないか、自然の側からも考えていかないと、現代の自然と人間の関係は見えてこないのではないかと考えて、環境史の視点も取り入れてきました。

この講義では、とくに「災害」に注目してお話ししていきます。さまざまな災害について環境史の視点から考え、現在の新型コロナウイルスについて理解を深めたいと思います。まず最初に、この講義全体をとおしての問題設定を話しておきましょう。そもそも「災害」とは何でしょうか。『広辞苑』を引くとこのように書いてあります。

【災害】異常な自然現象や人為的原因によって、人間の社会生活や人命に受ける被害。[1]

ここでまず、「異常な自然現象」は自然災害を指しています。一方、「人為的原因」によって起こされるものは、事故や火災のような人工物が引き起こす災害のことを指しています。この講義ではまず、前者の自然災害について考えていきます。自然災害というと、人間が生活しているところに、外部から突然、地震や津波、嵐のようなものが襲ってくるというイメージがあると思います。つまり、人間社会の外部にある自然において、異常な現象があらわれることによって、人間社会が大きなダメージを受けるのが災害である、ということです。このような見方を再考し、災害の見方をとらえなおしてみたいというのが、この講義の主眼です。

このテーマで講義することを友人に話したときに、コロナ禍は災害と言えるのだろうかというコメントがありました。たしかに災害と言えば気象災害や地震などが一般的で、そこに病気を入れないことがあります。その一方で、コロナ禍が問題になったときに、これは外部からの襲来なのだというイメージで語られることがしばしばありました。たとえば、「新型コロナウイルスと戦う」ということを、世界中の政治家たちが強く社会に向けて発信しました。ここでウイルスは、外部から襲ってきた「敵」としてとらえられています。つまりコロナ禍においても、ウイルスが人間社会の外部からもたらされる何らかの災害なのだというイメージはあると思います。この講義では、コロナ禍とさまざまな災害を比較することによって、現在の災害について考えなおしていきます。

そのうえで、この講義を通して私が考えてみたい視点についても、最初に確認しておきましょう。まず第一に、この講義では、とくに「科学技術」に注目して、災害の環境史について話していきたいと思います。なぜなら現代においては、科学技術こそが、私たち人間と自然との関係をつくりあげているからです。

とくにコロナ禍の場合には、科学技術を抜きにしては考えることができないほど、重要な役割を果たしています。そのうえで第二に、「災害」とは何だろうかということを考えます。自然災害とは、自然から突然襲来するものなのだろうか、そうではないのではないかということを考えていきたいと思います。このような問い直しを通じて、第三に、今、私たちが生きているこの世界について、新しい視点から考えていく見方を提示したいと思います。

人文学は、これからの未来やコロナ対策について直接的な答えを与えるものではありません。でも歴史には、私たちが置かれている状況の位置づけや、いま置かれている世界がどういうものか、私たちに見せつける役割があると思います。そのようなものの見方というものを、環境史の事例を通じて提示していきたいと思っています。

では最初のテーマとして、現在、社会を騒がせているコロナ禍について見ていきましょう。

■コロナ禍の衝撃

まず、この数ヶ月に起こったことを振り返ってみましょう（表1）[2]。

この二、三ヶ月は本当に劇的な変化だったので、つい数ヶ月前のことでも全然違う世界のように見えてしまいます。それを振り返って考えてみましょう。私自身が感じた印象も交えてお話ししていきますので、みなさんも思い出しながら振り返っていただきたいと思います。

まず、COVID-19という病気が中国で最初に発見されたのが昨年（二〇一九年）の一二月のことです。

表1　新型コロナウイルス流行の経緯（2019年12月～2020年5月）

2019年12月	武漢で発生
2020年1月23日	武漢を封鎖
1月28日	日本で患者発生
2月27日	全国の小中高に休校要請（日本）
3月8日	イタリアがミラノ、ベネチアを封鎖
3月11日	WHOがパンデミック認定
3月13日	米国が国家非常事態宣言
3月13日	新型インフルエンザ特措法改正（日本）
3月14日	スペイン非常事態宣言
3月17日	フランスが全土で外出禁止令
3月23日	英国、原則として外出禁止
4月7日	7都府県に緊急事態宣言
4月16日	全国に緊急事態宣言（日本）
5月11日	フランスで外出制限の緩和はじまる
5月13日	英国外出制限緩和
5月14日	39県で緊急事態宣言解除
5月25日	全都道府県で緊急事態宣言解除

一月になると日本でも盛んに報道されるようになります。私も一月半ばにほかの人たちと話題にしましたが、まだ他人事でした。この時点では、このような事態にまでなるとは、ほとんどの人が考えてもいなかったと思います。

一月末にはすでに武漢では封鎖がはじまっていましたが、ちょうど旧正月で人の移動が大きかったため、中国全土に広がっていきます。それぞれの地域で封鎖をしたり、あるいは臨時病棟をつくったりして対応している状況が日本でも報道されていました。この段階では、中国では都市封鎖したり、人の移動を制限したり、すごい対策をとっているなといった印象でした。それが二月、三月になると世界中のすべての地域に波及していきます。二月になると、日本でも患者数が増えはじめたことによって、小中高が休校になります。三月に入ると爆発的な流行がヨーロッパで起こりはじめます。最初はイタリアでした。ヨーロッパで広がりはじめるとすぐにアメリカでも患者数が増えていき、国家非常事態宣言が出されます。

日本では、まだその時点では、徐々に患者が増えはじめた段階でした。しかし、ヨーロッパやアメリカと同じような状況が起こることが予想されたので、新型インフルエンザ特措法が改正され、自粛要請や移動制限の要請などの対策が可能になりました。実際にそれが運用されたのが四月初めからで、緊急事態宣言が発出され、自宅待機を余儀なくされたり、授業に出られないなど、非日常の生活を送らざるを得ないという状況になりました。そのあと、徐々に世界中で規制が緩和され、緊急事態宣言も解除されましたが、最近ではふたたび感染者数が増えはじめているという状況です。

この流行には二つの特徴があります。一つはパンデミックが引き起こされたということです。もう一つは、ほとんどの国で何らかの行動制限が導入されたということです。最初、私はこのような政策は国家の権限が強い中国だからこそ導入できるのだろうと思っていたのですが、ほとんどの国で似たような対策をとらざるを得ない状況になります。つまりロックダウンという非常に強い対策です。この二つが今回のコロナ禍の驚くべき状況だったと思います。

ただ歴史的に見ると、パンデミックは歴史的に何度も繰り返されてきたものなので、それほど新しいものではありません。同時に都市封鎖やロックダウンも、中世のヨーロッパなどで行われていました。ですから、長い歴史から見ると、病気に人間社会が翻弄されるということはしばしばありました。その一方で、今回のコロナ対策で新しい部分も一つあります。今回の講義では、それが何なのかを明らかにしていきたいと思います。

それでは具体的に二つの視点から歴史を見てみましょう。まず一つ目のパンデミックの部分について見ていきます。それに続いて、二つ目の行動制限やロックダウンについて、そこで科学技術がどのような役割を果たしているのかを見ていきます。

■ヒトと感染症の環境史

まずは環境史の視点をもとに、ヒトと感染症のあいだの長い関係の歴史から現在のコロナ禍を考え直してみましょう[3]。

感染症は、おもに微生物によって引き起こされます。寄生虫のような比較的大きな動物による感染症もありますが、大部分は細菌のように目に見えない小さな生物やウイルスによるものです。ただ、これらの細菌やウイルスは、歴史上、あらゆる生命と共存してきました。現在も私たちの身体のなかに膨大な数の細菌が生きていますし、私たちのＤＮＡのなかにウイルス由来の遺伝子はたくさん組み込まれています。ですから、細菌もウイルスも私たちとともに存在してきたものです。

けれども進化の歴史のどこかの段階で、それらの微生物のなかで病原性を持つものがあらわれます。つまり、私たちに悪さをするような変異が生まれてきます。すると、これらの微生物がほかの生物、たとえばヒトの細胞とともに生きることによって、宿主が死んでしまうということが引き起こされます。このような進化は、微生物が持つ病原性だけが原因で起こるわけではありません。じつは宿主の生活形態もまた、病原性の進化に大きな影響を与えます。つまり宿主が大きな集団をつくるようになったとき、初めて微生物は病原性を持つようになるのです。なぜなら、宿主の集団が小さい場合には、次のヒトに伝染する前に宿主を死なせてしまうと、これらのウイルスや細菌は宿主の集団のなかに定着することができないからです。

宿主の集団、つまりヒトの集団が十分に大きくなると、感染したヒトを病気にして、場合によっては死に至らしめてしまうような病原性を持つことが可能になります。感染したヒトが死ぬ前に次のヒトに感染してしまえば、微生物はヒトの集団のなかで生き延びることができるようになります。つまり、群れをつくらない生物にとっては感染症はほとんど問題にならないということになります。それに対してヒトは群れをつくる生物です。さらに群れる動物のなかでも、とりわけ大きな集団をつくっています。

歴史的に見ると、ヒトが大きな集団をつくるようになったのは農耕を開始してからです。定住農耕をはじめることによって、人々は共同で生活をして、共同で働いて農業を行って、自分たちの生活空間を広げてきました。その結果、ヒトの集団の規模がどんどん大きくなっていきます。それとともに、ヒトの集団のなかにプールされている病原体も増えてきます。

さらにヒトは、一万年ほど前に、地球全体に分布を広げていきます。ヒトは非常に成功した生物種です。動物のなかでも、これほど成功した生物はあまりいません。アフリカ大陸に起源があるとされるヒトが、南極以外のすべての大陸に移動して生息しています。しかしそれでも、それぞれの地域に分散的に生活しているときには、それほど病気は深刻にはなりませんでした。集団間の交易が活発になることによって、それまでほとんど島のように分かれていたヒトの集団がお互いに交流するようになります。すると地球全体で感染が広がってしまう病気が登場してきます。それがパンデミックと呼ばれるものです。

その代表例がペストです。ペストは古代からユーラシア大陸全域で流行しています。その起源については諸説あるようですが、中国からヨーロッパまで、東から西まで全域で流行していきます。これは交易によるヒトの流れがあったからです。とくに大きなダメージを与えたのが、中世ヨーロッパでの大流行です[4]。この時点では、病原体の正体も、感染症が人から人へと伝播するメカニズムも知られていなかったのですが、病人との接触によって起こる病気であることは知られていたので、隔離が必要な病気だということが認識されていました。そこで、船で移動してきた者を一四日間隔離する「検疫」という制度が登場します。あるいは劇場を閉鎖して人が集まるのを避ける。さらには都市封鎖、ロックダウン、つまり都市への人間の出入りを全面的に停止するという対応が取られていきます。今回、ヨーロッパの都市などでロックダウンが行われたとき、私はペストのときと似ているなと思いました。でも調べていくと、全然違うものだと考えるようになりました[5]。それについては今日の講義の後半でお話しします。

その前に環境史の話を続けます。一九七〇年代以降、新しいタイプのパンデミックが登場してきます。「新興感染症」と呼ばれるものです。たとえばＨＩＶ、エボラ出血熱、鳥インフルエンザ、コロナウイルスが引き起こすものとしてはＳＡＲＳやＭＥＲＳなどが、新興感染症に数えられます。

ここでのポイントのひとつは、これらの病気が野生生物由来であるということです。多くの病原体は、それぞれの宿主と一対一の対応関係を持っています。それらの病原体は、長い進化の歴史を経て、ある程度マイルドなものになっています。宿主を次々に殺してしまうような病原体は、進化の過程で淘汰されていきます。[6] けれども、ほかの生物から別の生物へ宿主が変化するとき、そこでは非常に大きなダメージを与えることがあります。人類の歴史上、動物を家畜化したときには多くの動物由来の病原体がヒトに移ったと考えられています。それと同じことが現在でも続いていて、野生生物と密接に生活しているヒトに動物から病気が感染することがしばしば起こります。

けれども、それはごく最近まで、必ずしも広範囲に広がるものではありませんでした。それをパンデミックにまで広げてしまっているのが、現在の発達した交通網です。これが新興感染症のもうひとつの特徴になります。とくに二〇世紀後半の飛行機による大陸間移動は、病原体の伝播の距離と速度を飛躍的に伸ばしました。となると、地球全体はひとつの大きな都市になったようなものです。その結果、感染症が地球全体に広がるリスクが高まります。

新型コロナウイルスは、コウモリ由来の感染症と考えられています。まさに新興感染症として警戒されてきたタイプの病原体にあたります。同時に、これは進化的にパンデミックになりやすい病原性を持っていました。同じコロナウイルスによる感染症でも、ＳＡＲＳやＭＥＲＳは飛行機によって拡大しましたが、

COVID-19のように世界中で爆発的に拡大するということはありませんでした。これはSARSやMERSが重篤な症状を引き起こす病気で、死亡率も高いからです。つまり次の人にうつる前に宿主が死んでしまう。そのため伝播しにくい性質を持っていることになります。それに対してCOVID-19は感染しても軽症や無症状の人がたくさんいます。それが感染を広げる要因になっています。これはパラドックスのように聞こえるかもしれませんが、進化的にちょうどいい程度に病原性が強いということです。そこそこ弱いということが、大きなパンデミックにつながっているのです[7]。

新興感染症と同様の特徴を持つパンデミックとしてしばしば取り上げられるのが、一〇〇年前に引き起こされたスペイン・インフルエンザです。これは今度のコロナ禍でだいぶ話題になったので、みなさんも聞いたことがあると思います。一九一八年から翌年にかけて、少なくとも二度にわたって世界中で流行しました。そのきっかけになったのは第一次世界大戦です。もちろん当時は船で移動しますが、それまでなかった規模のヒトの大移動によって世界中に拡大しました。この病気についての歴史資料を見てみると、現在と似ているところが多いことがわかります。一〇〇年前はすでに近代社会です。だから電車に乗っている人たちにマスクをするように呼びかけたり、うがいが奨励されたりしています（図1）[8]。熱が三七・五℃以上あったら、登校してはいけないなど、現在とまったく同じことも言われています。

このインフルエンザは、詳細な統計が取られた最初のパンデミックです。一九二二年に内務省衛生局が出した『流行性感冒』という報告書があります[9]。これを見ると、どの府県でどれだけ患者が出ているのかという詳細な統計が取られています。それで現在、データにもとづいて歴史研究をやることが可能になっています。過去の人口を復元する歴史人口学という分野があります。そのパイオニアである速水融さんの

図１　スペイン・インフルエンザ感染拡大時の
マスクとうがいを呼びかけるポスター

研究によると、日本内地では四五万人の死者が出たと推測されています[10]。この数は、統計をもとにして、補正を加えて算出した推定値です。これは全人口の〇・八パーセント程度にあたり、非常に多くの人が死亡した大きな災害と言えます。これが新型コロナウイルスの状況とよく似ているので、もう一度歴史を掘り起こすことが重要であるということは、すでに言われています。

ただ私が強調したいのは、今回のパンデミックについては新しい部分もあるのだということです。ひとつの事例を見てみましょう。京都大学は、一〇〇年前のスペイン・インフルエンザの流行時にも休校しています。そのときの新聞記事では次のように書かれています。

流行性感冒猖獗《しょうけつ》の為め、京都大学教授学生の同病に罹《かか》るもの夥《おびただ》しく、荒木総長五日に至り、同日より向ふ一週間各分科大学を一斉に休講することを命じ、是と同時に毎週金曜日に開講の原文科大学教授の特別講演は開講する迄中止することとせり[11]

いまの京都大学の状況と似ているように見えますが、違うところにも注目してください。歴史資料を見るときには、現在と違うところに引っかかって考えるということも重要です。

注目すべきは、「教授学生の同病に罹るもの夥しく」のところです。いまのところ京都大学でCOVID-19の陽性になった人はほとんどいません。それに対してスペイン・インフルエンザのときには、多数の患者が出ています。休校にしたのも一週間と短いものです[12]。ここでは流行が進んでから初めて休校という措置がとられていることがわかります。内務省衛生局『流行性感冒』でも、流行の初期に休校にすることが有効なはずですが、実際には「欠席者増加し止むなく閉鎖せるもの多かりし」と書かれています。[13]つまりスペイン・インフルエンザのときには、感染症は突然来襲し、たくさんの患者が出たことによって、学校閉鎖するなどの対応を取らざるを得なかった状況が見えてきます。ここでは感染症は、人間社会の外部から襲いかかってくる侵入者です。

それに対して、現在の新型コロナウイルスの場合はまったく違っています。科学技術が整備されていることによって、これまでのパンデミックとは大きく異なった状況になっているのです。そこではどのような人間と自然の関係がつくられているのか、次に見ていきましょう。

数理モデルに飲み込まれる災害

COVID-19の流行下では、それまでのパンデミックとは違って、新しい科学技術が作動しています。その一つは、つねにリアルタイムでモニタリングが行われているということです。私たちは毎日、感染者数に一喜一憂しています。東京でどれだけの患者が出た、大阪や京都で何人の患者が出たということが、毎日報道されています。それはイタリアでも同じ状況だったということが、素粒子物理学者のパオロ・ジョルダーノが書いた『コロナの時代の僕ら』というエッセイで言われています。

昨日、夕食に招かれて友人の家に行った。これが最後だ。僕はそう自分に言い聞かせた。感染者数が二千人を超えたら、自主的に隔離生活を始めるつもりでいるからだ。[14]

ここではつねに数字が、私たちの心のなかにあることが語られています。これはリアルタイムで患者数を可視化するテクノロジーが登場したことで可能になったのです。すなわちＰＣＲ検査という、この数十年で出てきた技術です。

もう一つ、もっと重要なのは、得られたデータをもとにシミュレーションが行われているという点です。つまり患者数の予測が行われているということです。そのことが強く印象づけられたのが、イギリスの政策転換でした。イギリスは二〇二〇年三月初めの段階まではロックダウンなどの強い制限措置は取らないと明言していました。つまり流行による集団免疫の獲得を前提とした緩和策を目指していたのです。それが突然、三月一六日から外出制限を強くしていくという方向に転換していきます。

そのきっかけとなったのが、数理モデルにもとづくシミュレーションです。三月一六日に、インペリアル・カレッジの数理モデリングのチームの報告書が公表されています[15]。そこでは、何も対策を取らなかったら、イギリスでは五一万人、アメリカでは二二〇万人の死者が出るだろうというシミュレーションが行われました。この数値自体が衝撃的ですが、もっと重要なことは、このシミュレーションがかなり緻密に行われているということです。そのうえで、ロックダウンしか選択肢がないということを説得的に提示したために、政策としても対応を取らざるを得なくなったのです。

この報告書の中身をもう少し突っ込んで見てみましょう。そこでは感染症に対しては、二つの対策があるとされています。一つは流行を徹底的におさえつける抑圧策です。ここでは基本再生産数R_0という、1人の感染者から次に感染する人の数を1以下にすることを目指します。すると、感染者数はどんどん少なくなっていくので、最終的にゼロになるはずです。そのためには人と人の接触を制限するしかないので、ロックダウンなどの強い対策をとらなければならなくなります。もう一つは緩和策と呼ばれるものです。流行の影響を軽減するために、ピークをなるべく低く抑えていくというものです。休校して学生の行動を抑制したり、患者を隔離したり、高齢者の接触を減らしたりといった選択肢について検討され、シミュレーションが行われました。

すると緩和策の場合、いずれの選択肢でも医療システムが破綻するということがわかりました。どのような対策をとっても、感染者数が病床数を大幅に超過してしまうという予測が導かれたのです。結果としてこの報告書は、ロックダウンしか選択肢は残らないことを提言しています。注目すべきは、彼らがこの対策は新しいということを明言していることです。休校などの緩和策は「一九一八年の米国の一部の都市や、一九五七、一九六八、二〇〇九年のインフルエンザパンデミックでは、世界的に一般にとられた戦略に近いもの」であると位置づけられています。今回はそのやり方では医療システムが崩壊するので、ロックダウンしかないと結論づけたのです。つまり、今回のロックダウンは数理モデルにもとづく新しい科学技術であって、中世の都市封鎖とはまったく別のものとして考えなければいけません。

日本でも同様に、数理モデルが政策に影響を与えました。「八割おじさん」として有名になった北海道大学の疫学者、西浦博さんによるシミュレーションです。来月（二〇二〇年八月）から京都大学に移るというニュースが出ていましたが、彼が政府に非常に強い影響を与えたのです。人と人との接触機会を八〇パーセント減らすことを提言して話題になりました。西浦さんの算出による予測を見ればわかるように（図2）[16]、六五パーセント減でも基本再生産数は1以下なので、感染は収束していきます。ただ感染者数が十分に減少するまでに時間がかかってしまいます。接触機会を八割減らせば、一ヶ月程度で一〇〇人以下

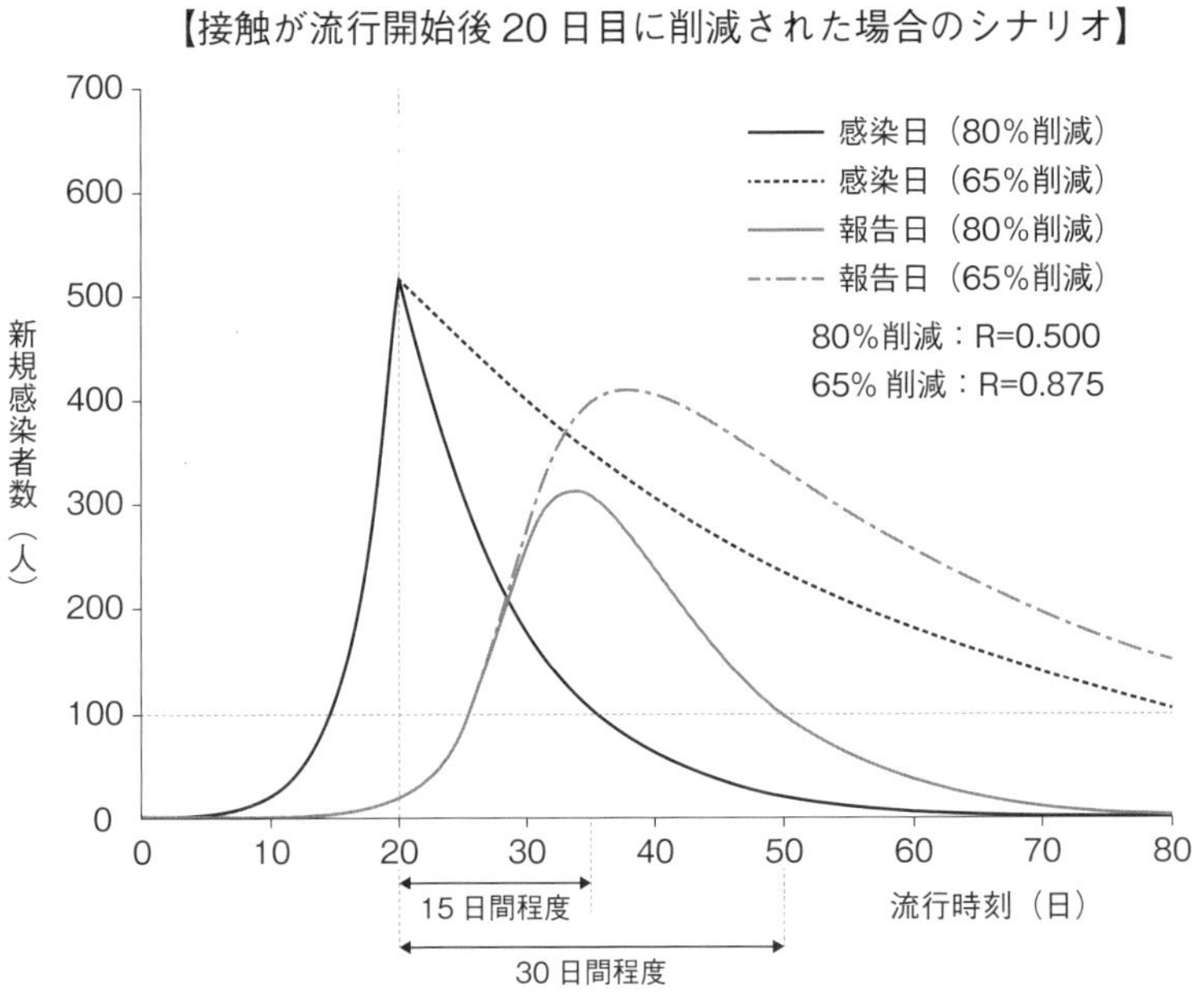

図2　接触8割削減の根拠となったグラフ

にまで減ることが予測されました。この提言が、実際の緊急事態宣言の発出にも適用されました[17]。

こうして見ると、コロナ禍という災害には新しい次元が入っていることがわかります。もはや災害とは、突然外部から襲ってきて、気がついたら被害が拡大しているというようなものではありません。そこでは災害のなかにシミュレーションが組み込まれています。現実からつねにリアルタイムでデータが取られていて、それが数理モデルの中に投げ込まれ、次の段階の感染者数が予測される。それが未来の災害の予測として、ふたたび現実のなかに投げ込まれていく。私たちは、そこで示される予測にしたがって行動せざるを得なくなる。しかもその行動規範は、科学技術が選択の余地がないものとして突きつけてくるものになっています。

このような現実と数理モデルとのあいだを往復するサイクルがぐるぐるまわっているようなときには、流行が爆発的に進むことなく、コントロールされている状態といえます。ここでの目標は、基本再生産数を1以下にして、最終的には集団から病原体を消滅させることです。それに対して、基本再生産数が1を超えるときには、感染者数は指数関数的に増加します。どうにかして接触機会を減らしていかなければなりません。しかし、指数関数的増加があまりにも早くて、まったくコントロールができないような状態になったとき、どのくらい流行が進んでいるのかデータを入力することもままならなくなります。そのとき初めて私たちの社会は、予想できない感染症に外部から襲われているという状況になります。それが今回、オーバーシュートと呼ばれている状況です。[18]

これは今回、新型コロナウイルスについて初めて行われた新しいことなのです。感染症伝播の数理モデルそのものは、以前からあります。有名なものとしては、二〇世紀初頭にロナルド・ロスという医師が出したマラリア伝播のモデルなどがあります。私も二〇年ぐらい前に理学部で数理生物学の授業を受けたときには、伝染病の数理モデルは必ず教科書にのっていました。[19] なので理論的には以前からあるものなのですが、実際の感染症政策として大規模に運用されたことはほとんどありません。数少ない例は、二〇〇一年に口蹄疫《こうていえき》という家畜の伝染病が流行したときにイギリスで利用されています。そのときは終息したあとに、数理モデルにもとづいて対応することが妥当だったのかという疑問が噴出して、大きな論争になっています。[20] このように数理モデルを使った感染症対策は新しく、まだ不確実な技術であることには間違いありません。

けれども今回のパンデミックについては、ほとんどすべての国で数理モデルにもとづいて政策を決定しています。なぜこれほどまでに数理モデルが力を持ったのか、これから歴史的な検証がなされるべきですが、いくつかの理由があると思います。少なくとも科学的な理由としては、現場に応用しやすいということがあるようです。今回のCOVID-19は、ＰＣＲ検査によってリアルタイムでモニタリングがされているので、つねにデータ入力がなされています。もちろん完全ではありませんが、ある程度、感染状況が把握できるということです。また基本的にヒトからヒトへと伝播していく感染症なので、モデルもそれほど複雑なものではありません。昆虫やほかの生物が媒介するとなると、モデルは一気に複雑になります。さらに、実際にヒトの社会に予測を出力することによって、モデルの妥当性を適宜検証することができます。これは現実とモデルがうまくかみあうということです。数理モデルでは、しばしば現実からかけ離れたモデルをつくって、純粋に理論的な研究が行われています。それに対してCOVID-19の場合には、理論と現実のあいだを行き来することが可能で、現場に適用しやすかったのでしょう。

ともあれ、このようなことを感染症に対して大規模に行うのは初めてのことです。これは壮大な社会実験なのです。よく似ているものとして、天気予報を考えてみてください。そこではつねにデータが収集され、シミュレーションに投げ込まれ、どれくらいの災害が起こる可能性があるのか、人々に知らされています。それとまったく同じことを感染症について行っているのが、現在の新型コロナウイルス対策の状況なのです。

まとめ

ここまで二つの視点から、「コロナ禍」とはいったい何なのか見てきました。ひとつは環境史の視点、もうひとつは科学技術史の視点です。

まず環境史から見えてくるのは、災害とは自然から人間が襲われるものではなく、自然のなかの人間の生活様式によってこそ生じるものだということです。感染症の流行は、自然のなかで人間が大きな位置を占めるようになったことによって起こります。人類史をかえりみると、ヒトの集団が大きくなったり、飛行機などの交通が発達したことによって、人工空間が拡大してきました。その結果、病原体が登場し、さらには新興感染症が生まれたのです。つまり、人間社会のあり方こそが、ヒトが次々と新しい感染症と出会うという事態を生み出しているのです。

さらに科学技術史から見ると、もうひとつ新しいことがあります。それはヒトのモニタリングです。実際にはPCR検査ですべての感染者が検出できるわけではないので、モニタリングはそれほど緻密なものではありません。それでも少なくとも、ヒトの移動はスマートフォンの機能を使ってモニタリングされています。たとえば新宿での人流がどれくらいということがすぐにわかってしまいます。私たちの社会は、つねに監視されているのです。このようなモニタリングの結果は、ふたたびシミュレーションに投げ込まれていきます。こうして未来の予測が現在に組み込まれている。それが現在のコロナ禍なのです。

つまり、コロナ禍には、自然のなかの人間のあり方がつくりあげている側面があるということがひとつの論点です。もうひとつは、科学技術によって、災害のあり方が根本的に変わってきているということです。それはもはや人間社会の外部から自然が襲ってくるものではなくなってきています。現代社会では、つねにモニタリングして未来を予測しながら、災害とつき合っているのです。

今回のテーマは病気なので、一般的な自然災害とは違うのではないかと思われた方もいるのではないかと思います。そこで次回から、いろいろな災害の事例を見ていきます。次回は「３・11」の話をします。

以上で第一回の講義を終わります。どうもありがとうございました。

質疑応答

それではここからは、皆さんの質問に答えていきたいと思います。

「なぜ今回、数理モデル中心で政策が決められているのでしょうか。」

じつはまだよくわからないのですが、いろいろ要因があると思います。紹介したインペリアル・カレッジの報告ですが、これは最後の一押しにすぎず、それ以前からさまざまな伏線があって、このような対策がとられたのだろうと思います。

ひとつは、感染症の歴史研究からのフィードバックがこの二〇年間多くなったということもあるようです。ロックダウンのような強い政策が考えられるようになったのは、この二〇年ぐらいのようです。その出発点、つまり二〇〇〇年代前半に、一〇〇年前のスペイン・インフルエンザの歴史的な掘り起こしがはじまっています。当時のブッシュ政権がスペイン・インフルエンザに関心を持ち、歴史家と公衆衛生の研究者の交流などもはじまっています。そのなかで、かなり早い段階で休校などの措置を取った都市は被害がそれほど大きくないということがわかってきます。それがブッシュ政策に影響を与えたということが指摘されています。[21] このようなことが数理モデルに与えた影響は大きいのだろうと思います。

「新興感染症はなぜそれまでの感染症と区別されるのでしょうか。」

新興感染症という概念が登場したのは、一九九〇年ごろのことです。この時期になって、それまでと違うタイプの病気が増えてきたということがあります。もちろん深刻な病気は、マラリアや結核のように、それまでも存在しています。でもそれらの病気は人間社会と長いつき合いがあります。それに対して一九七〇年代以降に問題になった病気の多くは野性生物に由来し、地域の人だけでなく、世界中に拡大して大きな影響を引き起こしました。そこで「新興感染症」という新しいカテゴリーがつくられました。

「もし現在、シミュレーションが発達していなかったとしたら、スペイン・インフルエンザのように目に見えて感染者がわかるまで、都市封鎖などは行われなかったのでしょうか。」

これはそうだと思います。二〇世紀初頭にはすでに数理モデルはあります。けれども一九五〇年代のインフルエンザのパンデミックのときも、あるいは六〇年代にも、数理モデルにもとづいて、封鎖や休校をしようという対策はまったく行われていません。

私が新聞記事を調べていて面白いなと思ったのは、アジア風邪と呼ばれる一九五七年のインフルエンザの大流行のときの議論です。このときは多くの患者が出ることが予想されたので、東京などは休校措置を取ります。これは今の対策と非常に似ていますが、それに対して当時の医学者集団は反対の声明を出しています。[22]早いうちに感染して免疫をつける方が有効な対策であって、休校は必要ないと言っています。現在の措置とは全然違うのがわかります。

このようにシミュレーションという道具立てが有効かどうかを左右する条件は、非常にたくさんあると思います。現実にマッチするかどうかということだけでなく、現在のリスクが相対的にどれだけ脅威として受け取られるかということも要因になっているだろうと思います。

「カタカナの「ヒト」と漢字の「人」の使い分けはどうなっているのでしょうか」

この講義では、人間をなるべくカタカナのヒトで見ていきたいと思います。カタカナのヒトで表現するときは、生物種としての人です。つまりヒトはさまざまな生物種の一つとして地球上で生きていくなかで、新型コロナウイルスという病原体と出会ったわけです。このように人間を自然のなかで生きる一つの生物種として見たいときに、「ヒト」という表現を使っています。これは人間の側からの視点を相対化する環境史の見方です。

科学技術について論じるときにも、できれば「ヒト」を使いたいと思っています。現在のコロナ禍を見ると、「人間」が感染症をコントロールしているというよりも、新しい生態系のなかでヒトが病原体をコントロールせざるを得ないような状況になっています。つまりヒトが生み出した環境のなかで、コロナウイルスという存在と直面して、新しい科学技術をつくらなければいけないようになっています。私はこのようなイメージで災害を捉えているので、基本的には科学技術社会における「ヒト」という視点で災害を考えていきたいと思っています。

「世界が完全に一つの都市になりきったとしたら新興感染症はなくなるのでしょうか。もしそうだとすると、どれぐらいの時間を要するのでしょうか。」

地球上のヒトの集団が、ひとつの都市のように流動性が高くなったら、むしろどんどん新興感染症は増えていくはずです。なぜなら、野生生物との接点から入ってきた感染症が、容易に全体に広がってしまうからです。山本太郎さんという感染症の専門家によれば、インフルエンザが世界的大流行になるスパンはどんどん短くなっています。今回のコロナの前には、二〇〇九年に新型インフルエンザの流行が問題になっています。[23]

「数十年前は休校に反対した人がいたのに、今ではまったく逆の封鎖に近いような対策がとられているのはなぜでしょうか。この数十年間で人の命の価値が上がったからでしょうか。」

死ぬことの意味だけでなく、感染症で死亡する可能性も、この数十年で大きく変わってきています。この数十年に感染症と人間の関係がどのように変わったか、歴史的な検討が必要です。少なくとも乳児死亡率は、この一〇〇年で大きく下がりました。スペイン・インフルエンザのときには乳児死亡率は現在よりもはるかに高い。そのような状況での流行病の意味は、現在とは大きく違っていると思います。感染症で死ぬことは、かつてはいまよりずっと身近なことだったのです。今回、数理モデルにもとづく強い制限が取られた背景には、このような変化があるのだろうと思います。

第二講

想定されていた想定外
——3・11の環境史

2020年7月11日

それでははじめます。今日は「3・11」について考えてみたいと思います。

私のように科学の歴史を研究している者にとって3・11は大きな衝撃でした。とくに原子力発電所という巨大な科学技術による災害が引き起こされたということは、大きなインパクトを持っていました。私自身もそのあと3・11についてずっと考えて、二〇一三年には「境界と監視のテクノロジー」という論文を書きました[1]。

みなさんのなかにも大きな被害を受けた方がいると思うので、このテーマで準備するのは、私にとってもつらいことでした。でも3・11は、私の科学技術の見方、自然と人間との関係の見方が、大きく転換してしまった出来事でした。3・11に比べれば、現在のコロナ禍は私にとってそれほど驚くべき事態ではありませんでした。3・11を通して考えた科学技術の見方をもとに、現在の問題も理解できると思っています。そのためこのテーマは、絶対に取り上げなければいけない話題でした。そこで今回は、もう一度あのときのことを思い出しながら、話したいと思います。

まず、実際の議論に入る前に、3・11とコロナ禍を比較して、何が似ているのか見ておきましょう。

一つ目は、自然のなかの人間のあり方が、災害をもたらしているという点です。コロナ禍のそもそもの原因となっているのは、ウイルスという自然界の存在です。たしかに出発点はそうですが、都市や交通など、自然のなかの人間のあり方こそが、現在の大流行を引き起こしています。3・11にも同じところがあって、最初の出発点は自然によって引き起こされた大きな災害でした。つまり巨大地震と津波が最初のきっかけになっています。しかしそのあとは、人工物が引き起こした災害が、大きな焦点になっていきます。つまり原発事故です。地震、津波が原因で原発が破壊されたことによって、放射性物質が自然界に大量に放出されてしまった。それが3・11という複合災害でした。このように自然と人間の両方が重要な役割を果たしているという点で、コロナ禍と3・11は共通の特徴を持っています。

二つ目は、モニタリングやシミュレーションが重要な役割を果たしているということです。3・11のときのことを思い出していただきたいのですが、今、放射性物質がどのくらい放射線を出しているのか、つねにモニタリングされていて、毎日報道されていました。コロナ禍で感染者数が毎日報道されているように、この地域ではこれだけ放射線が測定されたと報道され、それに一喜一憂するというのが、二〇一一年の私たちでした。3・11の直後から、飛行機や測定車による放射線量のモニタリングが行われました。じつはそれ以前から原発の周辺では放射線のモニタリング体制はありましたが、3・11によって大幅に強化されたものが、人間が住んでいる地域全体、東日本全域に拡大されて監視されるようになりました。

最後に三つ目としては、日常世界が一変してしまったということがあります。これは現在の緊急事態より深刻な事態と言ってもいいかもしれません。完全に人が生活できない地域が生まれてしまったということです。そこでは日常生活が繰り広げられていたのですが、人がいなくなったことによって、日常の風景は完全に失われてしまいます。モニタリングとリスク評価という科学技術によって、これらの地域からは、日常が奪われざるを得なくなったのです。

今日はまず、3・11で起こったことを振り返った上で、そこで科学技術がどのような役割を果たしたのか見ていきたいと思います。

■ 3・11とは何だったのか

それではまず、もう一度、あの日のことを振り返ってみます（表1）[2]。

二〇一一年三月一一日、一四時四六分に地震が発生します。地震計が最初の振動を観測すると、ただちに緊急地震速報が発信されます。そのすぐあとに地震の大きな横波が、東日本の各地に到達してきました。一四時四九分には大津波警報が発令されます。その約一〇分後から、次々と沿岸部に津波が到達しました。津波が福島県の沿岸部に到達したことによって、福島第一原発への電力の供給が停止します。停電になっただけでなく、非常用の電源もすべて流されてしまって、原発に電気を供給することができなくなってしまいました。それが大きな事故につながっていきます。全電源喪失という事態は、原発にとっては絶対にあってはならないこととされてきました。そのような事態になったときには、「原子力緊急事態宣言」が法令に従って発出されます。それにもとづいて、原発の周囲三キロメートル以内の住民に避難指示が出されました。

翌日は、福島第一原発、第二原発、ともに深刻な事態になっていきます。午後には放射性物質が検出され、メルトダウンの可能性が指摘されるようになります。さらにリアルタイムでニュースを見ていた人にとって大きな衝撃だったのは、爆発が起こったということです。水素爆発が起こって、原発建屋の外壁全体が崩れ落ちてしまいます。ただし原子炉自体は格納容器という頑丈な構造に守られて、内部の放射性物質がすべて出てしまうということはありませんでした。

でもそのような大規模な爆発を防ぐために、原子炉内の水蒸気を意図的に放出して圧力を下げる「ベン

表1　東日本大震災・原発事故の経緯

2011年3月11日	14:46	地震発生、緊急地震速報発信
	14:49	大津波警報発令
	15:00すぎ	三陸沿岸に津波到達
	15:42	福島第一原発全交流電源喪失
	19:03	原子力緊急事態宣言
	21:23	福島第一原発から半径3キロメートル以内住民に避難指示
2011年3月12日	5:44	福島第一半径10キロメートル以内住民に避難指示
	7:45	福島第二でも原子力緊急事態宣言
	14:15	福島第一で放射性物質検出、炉心溶融の可能性
	15:36	福島第一で水素爆発
	17:39	福島第二半径10キロメートル以内に避難指示
	18:25	福島第一20キロメートル以内に避難指示
2011年3月13日		原発周囲20キロメートルの住民21万人が避難開始
2011年3月14日		東京電力・計画停電実施
	11:21	福島第一3号機で水素爆発

ト」という作業が行われます。結果として、原発の周辺に大量の放射性物質が放出され、拡散していきます。それにしたがって、原発周囲二〇キロメートル内の住民二一万人に対して、避難指示が出されます。こうして多くの住民たちが、それまで生活していた場所から退出せざるを得なくなったのです。そのあと東京でも計画停電などがあって、社会全体が緊張した状態が続いていくことになります。

このときによく言われたのが、今日のタイトルにも入れた「想定外」という言葉です。今回、3・11のときの新聞記事を、ざっと見直してみたのですが、想定外という言葉は翌日三月一二日の朝刊からすでに使われています。ですから、これが驚くべき災害だったということは間違いありません。ただ、そこでは二つの全然違う意味での「想定外」が混在しています。

一つ目は、これほどの自然災害が起こるのは想定外だったということが言われています[3]。東日本大震災は、この千年ほど起こったことがない規模の地震でした。この地域は津波の被害をしばしば受けるので、過去の災害が記憶されてきました。それでも波高約三〇メートルという、伝承としても伝わっていなかった規模の津波に襲われたのです。このように、これほどの災害が来るとは考えられていなかった、という意味で「想定外」という言葉が使われました。

そして二つ目が、その後、頻繁に言われるようになる意味での「想定外」です[4]。つまりこれほど過酷な原発事故が起こるとは想定していなかった。より正確に言えば、過酷事故につながる全電源喪失というような事態は想定していなかったということです。

原子炉は核分裂反応のエネルギーをもとに水を沸騰させ、蒸気を使ってタービンを回して発電する技術です。緊急時には、核分裂連鎖反応を停止させる技術があります。けれども炉心が高温になっている状態がしばらく続くので、すみやかに冷却しなければ核燃料が熔けはじめてしまいます。したがって、地震などの緊急の事態では、電気でポンプを稼働させて水を送り込み、原子炉を冷却させなければいけません。もし停電などで電源が供給されなくても、電源車を用意していたり、最後の手段としては、電気を使わずに炉心を冷やす技術（緊急炉心冷却装置、ECCS：Emergency Core Cooling System）というものがあります。これがもし機能しないとなると、炉心が溶けはじめます。炉心が溶けると核燃料が塊状になるので、ますます活発に核分裂反応が起こるようになります。ひどい場合には、原子炉全体が爆発して、原爆と同じように大きなエネルギーが噴出することもありえます。そのような状況にまでは至りませんでしたが、その直前のメルトダウンまで起こってしまったというのが、福島の原発事故だったのです。

このような事故のプロセス自体は、原発の安全性の議論では、それまでも繰り返し指摘されていました。[5]原子炉を冷却できなくなったらどうするのだ、対応できないではないか。最終的にはメルトダウンになって爆発するしかないではないかと批判されてきました。だからこそ、万が一うまく電源供給できなくても対応できるように、何重にもバックアップの技術が準備されてきました。非常用電源が何重にも備えられていたし、電源を失っても冷却できるような技術システム（ECCS）が準備されていました。だから、これらすべてがなくなった事態というのは想定しなくてもいい、と原子力関係者は言ってきました。このような事態がありうることは指摘されていたけれども、絶対にあってはならないことなので何重にも予防した上で、想定の外部においてきたということです。

原発関係者のイメージでは、現実的には考えてこなかった規模の津波によって、原発が突然牙をむいて襲ってくるような感覚だったに違いありません。このような意味で、「想定外」という言葉が使われたのです。

■未来の災害を組み込む

今日の講義は「想定されていた想定外」というタイトルにしました。ここで私は、想定外の事態が3・11以前にもじつは予想されていた、などということを言いたいわけではありません。たしかにこのような事態が起こりうることは、以前から一部の地震学者などによって指摘されていました。それでも原発関係者はもちろん、多くの人々にとって、このようなことが現実に起こるとは感じられていなかったと思います。

ここで考えたいのは、このような「想定外」と言われていた事態についても、科学技術システムのなかにある程度の準備があって、まったく新しい事態ではないということです。ほとんどの人が想定すらしていなかったような災害が起こったときにさえ、それまで整備されていたものを総動員して何とか対応していくのが、科学技術社会というシステムなのです。

そのようなシステムとして、二つの科学技術があります。ひとつは未来の災害を現在に組み込む科学技術、もうひとつは過去の災害を現在に組み込む科学技術です。

まずは一つ目から見ていきましょう。それは、未来に起こりうることを、シミュレーションして現在にフィードバックしていくシステムです。このような深刻な原発事故は絶対に起こらないと、3・11以前に言われていました。けれども、そのような事態になったときに利用するためのシステムが、すでに3・11

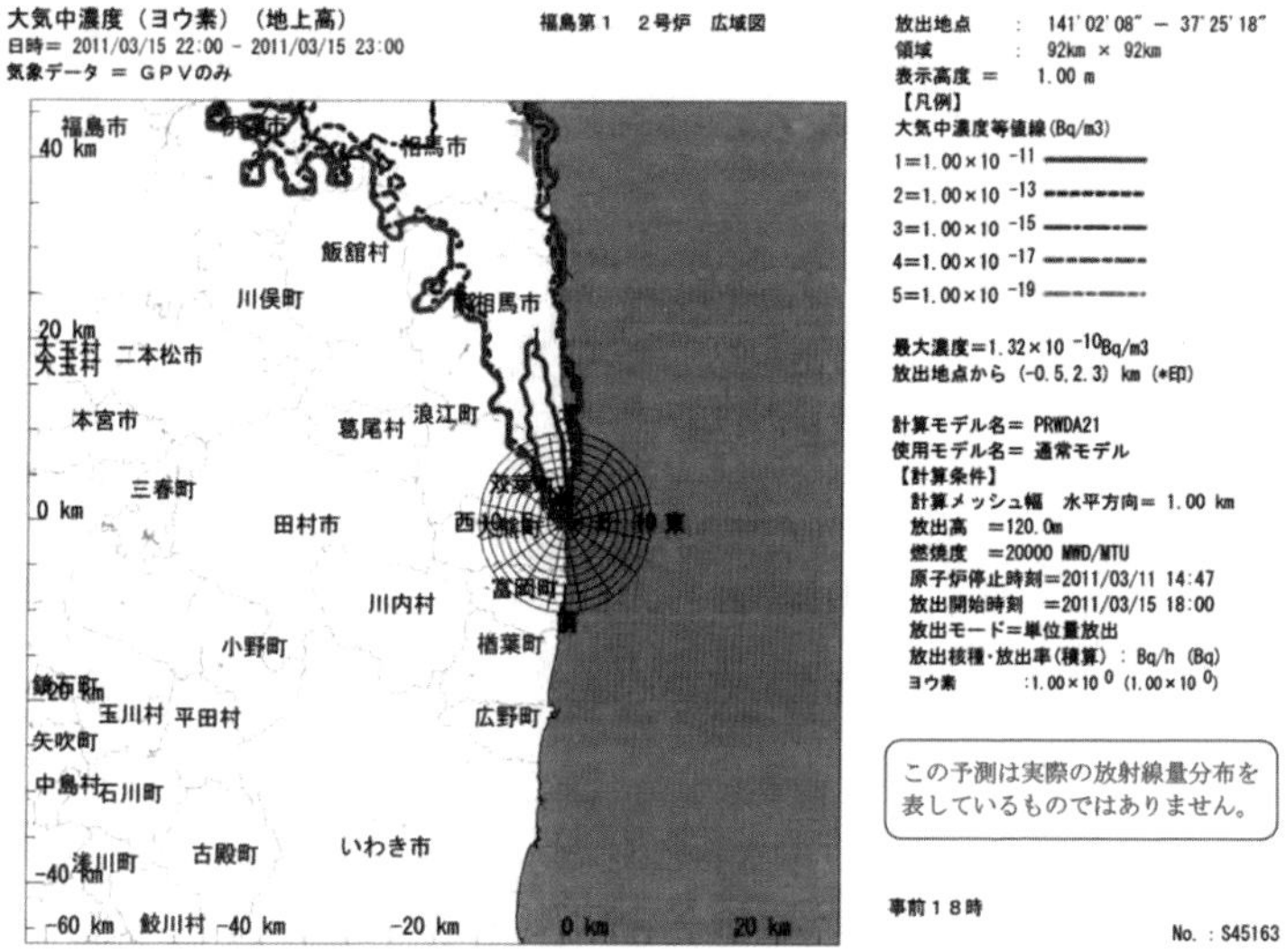

図１　SPEEDIの計算結果（2011年３月15日）

の前から整備されています。それはＳＰＥＥＤＩ（緊急時迅速放射能影響予測ネットワークシステム）というものです。[6] これは放射性物質が原発から出たときに、その拡散する範囲をシミュレーションで予測するシステムです。一九七九年にアメリカのスリーマイル島原発で、やはり同じようにメルトダウンが起こって放射性物質が出るという事故がありました。それを踏まえて日本で開発された技術です（図１）[7]。

日本の原発関係者のあいだには安全神話というものがあったので、メルトダウンのような事故は絶対に起こらないと言われていました。それにもかかわらず、ＳＰＥＥＤＩのようなものが整備されていたのです。３・11のときには、事故が起こった日から計算の結果が関係者のあいだでは回覧されていましたが、ずっとあとになるまで公表されませんでした。

それが厳しく批判されたことを覚えておられる方もいると思います。

これが公表されなかった理由としては、シミュレーションに必要なデータを収集しきれていなかったということがあります。津波や地震によって計測するシステムが破壊され、十分なモニタリングがなされていませんでした。だから出てくる結果もどれぐらい信頼できるか評価できない状態でした。あとから見ると、シミュレーション結果のなかに実際の放射性物質の拡散と似ているものがいくつかあったので、公表されなかったことが批判されることになりますが、少なくともその時点では、出すべきかどうかは、判断が分かれるところでした。

でもここで問題にしたいのは、SPEEDIの結果を出すべきだったかどうかということではありません。私が驚いたのは、むしろこのようなものがあるということ自体でした。メルトダウンのような過酷事故は絶対に起こらないとされていたにもかかわらず、放射性物質が放出されたときに拡散を予測するシステムが準備されていたのです。私にとっては、そのこと自体が衝撃でした。

このような科学技術システムのモデルになっているのは気象学です。ここで大気拡散のシミュレーションが使われているように、これは原発と気象学とのコラボレーションを通してつくられたシステムです。前回、感染症の数理モデルについて、実際に現場に適用されるのは初めてのことだと言いました。つまり感染症の場合には、現場と理論のあいだの往復は、それほど進められて来ませんでした。それに対して地球科学の場合には、モニタリングも整備されているし、シミュレーションから現実社会にフィードバックしていくというシステムも確立しています。そのうちもっとも進んでいるのが大気をモニタリングするシステムです。気温や気圧の測定は、すでに一八世紀から進められています。それをもとに未来の気象を予測する天気予報がはじめられたのが一九世紀後半のことです。さらに二〇世紀半ばになると、コンピュータを使ってシミュレーションをして予測するようになります。それ以前は専門家の勘で天気予報が行われていますが、一九五〇年代以降は、数値データをもとにシミュレーションされた予報が一般的になっていきます。[8]私たちの社会は、そのような予測を、普通のものとして受け入れているのです。

同じようなことが、地震や津波についても行われています。ただ、地震や津波については、予報が出てから実際に被害が到達するまでの間隔が短いので、私たちの社会にそれほど定着しているとは言えないかもしれません。たとえば緊急地震速報というものがあります。これは地震計で観測された第一波をもとに計算して、どの地域にどれぐらいの震度で到達するか予測し、電波を通して周知するものです。電波の速度の方が早いので、地震の大きな揺れが到達する前に予測を知らせることができるわけです。津波の予報システムにも同じようなものがあります。3・11のときには、震源のマグニチュードから計算して、どれくらいの大きさの津波がくるのかということが予測されていました。現在では波高計で観測されたデータをもとにシミュレーションを行っています。このようなモニタリングのシステムは、地球科学ではきわめてよく発達していて、地球上のあらゆる地点が計測されています。

3・11のときに、原発事故という「想定外」の事態が目まぐるしく動いていくあいだに、モニタリングとシミュレーションの科学技術は静かに作動しつづけていたのです。それは地震と津波に対して運用されただけではなく、想定外とされていた放射性物質の拡散についても使われていました。もちろん実際の災害は、シミュレーションの予想と完全に一致するものではありませんでした。実際の津波は、大津波警報の予測をはるかに超える規模のものでした。またSPEEDIの予測は、実際の社会に返されることはありませんでした。ただここで考えたいのは、それが完全なものではないにせよ、モニタリングとシミュレーションという科学技術の網のなかに災害が組み込まれているということです。

これは現在、感染症について行われていることと、科学技術の機能としてはまったく同じです。つまり未来に起こりうる災害は、科学技術の網を通じて、つねに現在に投げ込まれつづけているのです。

過去の災害を組み込む

さて、もうひとつの科学技術について見ていきましょう。3・11のときに作動した科学技術として、過去のデータの蓄積をもとに将来起こる災害を予測するシステムがありました。それが運用されたのが、避難区域の設定という社会的な技術です。先ほど3・11を振り返ったときに言ったように、事故の直後には原発の周囲二〇キロメートルが避難区域に設定され、この地域に住む二一万人が避難しました。これは原子力災害が起きたときに適用される避難計画にもとづいて対処されます。

そのあとモニタリングの体制が充実するにしたがって、どの地域がどれくらい汚染されているかが明らかになってくると、とくに汚染された地域を中心に避難区域の再設定が行われていきます。その結果、放射性物質が放出されたときに南東から北西へと風が流れていたので、原発の北西方面が大きな汚染を受けたことがわかってきます。そこで、事故の一カ月後の四月二二日、計画的避難区域が設定され、重点的に避難する地域が決められていきます。それらの地域については除染を進め、放射線の値が低くなった地域には帰還する作業が進められていくことになります（図2）[9]。

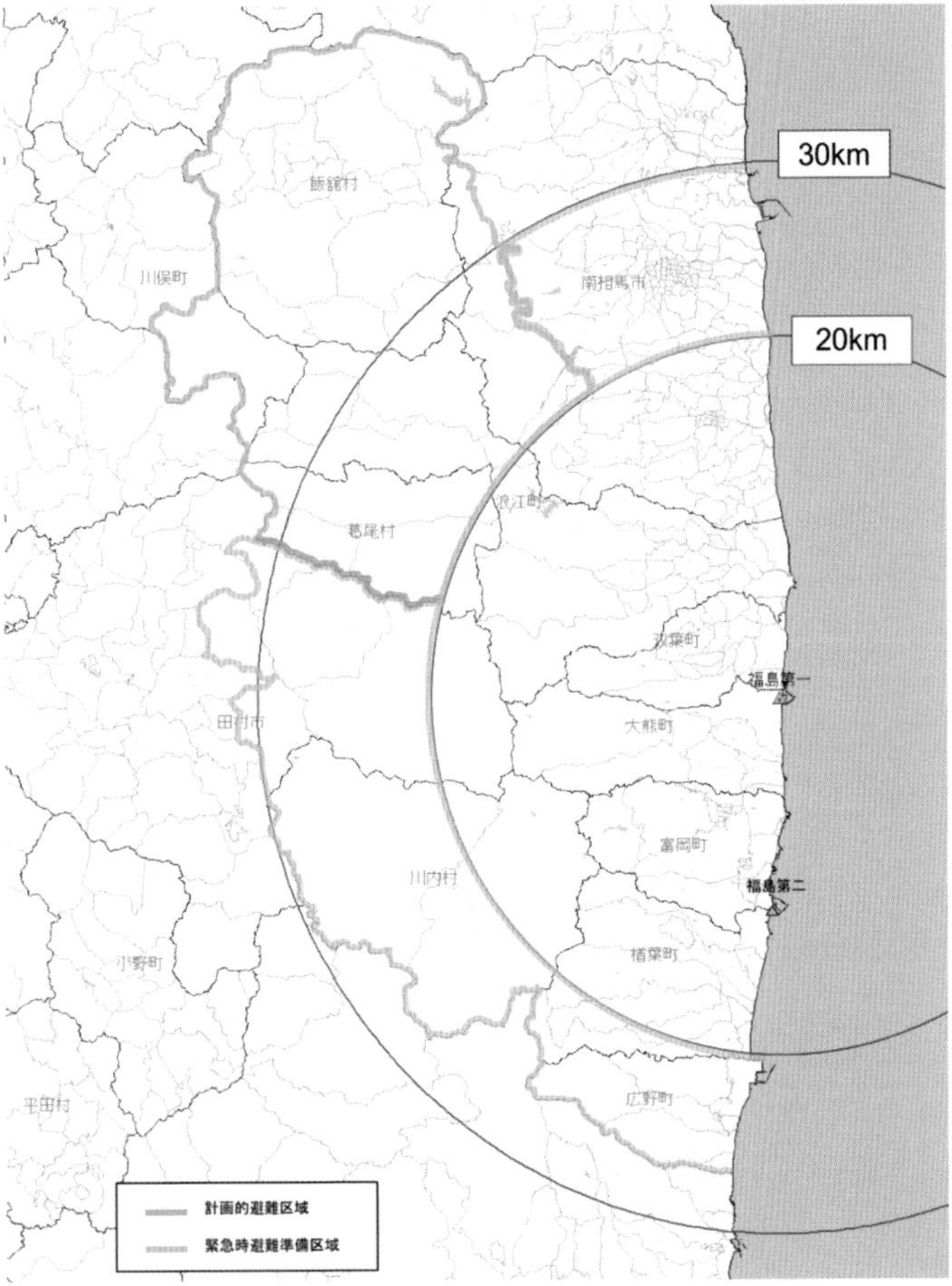

図２　モニタリングにもとづく避難区域の設定
（2011年4月22日時点）

現在では避難指示が解除された地域もありますが、まだ帰還困難区域が残っています。この地域は五年以上たっても放射線の値が基準値以下に下がらないことが予想されている場所になります。東京二三区の半分ぐらいの面積が、依然として日常を奪われている状態です（二〇二〇年七月時点）。解除された地域でも、かつての住民が十分に帰ってきているわけではないので、緊急事態が続いている地域が現在もまだあるということがわかります。

ここで考えたいのは、これらの避難区域をどうやって設定しているのかということです。避難区域とそうではない地域の境界は、どのように定められたのでしょうか。そこでは根拠となったのが、放射線被曝量の基準値です。このときは年間二〇ミリシーベルト以上の放射線量がある地域が避難区域に設定されました。この基準値を適用すること自体、大きな議論になりました。というのもそれまで一般人が受ける放射線量の基準（線量限度）は年間一ミリシーベルトとなっていました。二〇ミリシーベルトというのは、緊急時に限って一般人の被曝量の基準となるものです。なのでこんな高い値を許容してもいいのかという議論もあるのです。

ただ今日の私の話で問題にしたいのは、基準値が高いか低いかということではなく、そもそも一般人の被曝量の基準値があるということ自体です。なぜ絶対に起こってはならないことなのに、このような基準値がそもそもあるのかということです。ここで基準値の算出の根拠となっているのが、蓄積された過去の原子力災害のデータです。それをもとに、これから起こりうる災害を予測することが可能になるのです。

放射線の人体への影響としては、確定的影響と確率的影響という二つがあることが知られています。高線量被曝の場合には、人体にただちに影響が出て、短い時間で重篤な状態になり、死亡にいたることもあります。それが確定的影響です。それに対して、低線量被曝の場合には、放射線の影響で傷ついた遺伝子が、長い時間をかけてがんや白血病などを引き起こします。つまり、ある程度の時間がたたないとどれくらいの影響が出るのかわかりません。しかもすべての人が発病するわけではなく、被曝した人の何パーセントというように確率的にしか影響は出てきません。これが確率的影響です。

そういった意味で、ここで問題になっているのは未来の災害です。ただそれを予測するためには、過去のデータを参照しなければいけません。最初に放射線の被曝が問題になったのは、X線が医療現場で利用されるようになった一九二〇年代のことです。とくに医療関係者や妊婦などに対する被曝が問題となり、何らかの基準値をつくらなければならないと言われるようになります。[10] 一九四〇年代以降には、一定の線量を境界線として設定する「許容線量」という概念が登場します。ただ、それはあくまで原子力労働者やレントゲン技師など、職業上、どうしても一定の被曝を避けられない限られた職種に適用されるはずの概念でした。けれども、現在ではすべての人に何らかの基準を適用しなければならない状態になってしまいました。なぜなら、すべての人が放射線の影響を受けざるを得ない状況が生まれてきたからです。

とくに二〇世紀後半以降、放射性物質が広範囲に拡散する状況がたびたび起こるようになります。そのうちもっとも早いものが、広島、長崎に投下された原爆です。生き残った被爆者への影響を調査するモニタリングが、現在にいたるまで続いています。原爆傷害調査委員会（ABCC：Atomic Bomb Casualty Commission）という機関がつくられ、放射線の遺伝的影響などが研究されてきました。そこでの研究結果をもとに、放射線被曝の基準値がつくられていきます。さらに一九四五年から六〇年代にかけては、大気圏で核実験が盛んに行われています。六〇年代半ばには核実験禁止条約ができて地下核実験へと移行するのですが、それ以前は地球上のすべての人が放射性降下物を浴びざるを得ないような状況がありました。そこで、一般人が受ける放射線被曝が問題となり、基準値が科学者のネゴシエーションを通じてつくられたのです。さらに一九八六年にはチェルノブイリ原発事故が起こります。こうして人類は、自らがつくりだした放射性物質がばらまかれた人工環境のなかを生きるようになったのです。このようにして人体への放射線の影響のデータが積み重ねられ、それをもとに基準値という境界線がつくられていきます。

たしかに3・11は、それまで想定されてこなかったような甚大な被害をもたらしました。それにもかかわらず、蓄積されてきた過去の災害の知識が総動員され、かき集められて運用されたのです。このように、ほとんど誰も想定していなかったような事態についてさえ、あらかじめシステムのなかに何らかの準備が組み込まれています。そして新しい災害が引き起こされたとき、それらの制度が呼び出されて、何とか対応していくことになります。科学技術社会とは、甚大な災害と修復を繰り返しながら、ひたすらデータを蓄積していく社会なのです。

■まとめ

ここまでの話をまとめましょう。

まず、自然災害については、人間の外部にある自然が急に襲ってくるというイメージがあります。そして人工物による災害の場合にも、突然、思ってもいなかったような事故が起こってしまったとされることがしばしばあります。3・11のときに言われた「想定外」とは、未曾有の災害への率直な驚きが込められた言葉です。

けれども一人ひとりにとっては想定外であっても、科学技術システム全体をみると、あらかじめ想定に組み込まれているということがあります。それがモニタリングの科学技術です。自然については、放射性物質がどれほど拡散しているのか監視する科学技術があります。そこでは未来の災害が、シミュレーションによって予測されます。一方、ヒトに対しては、放射線の健康への影響がどれくらいになるか、過去のモニタリングの蓄積があります。そこでの結果をもとに、日常の生活を続ける地域とそうではない地域との境界線がつくられていきます。現代社会においては、未来の災害の予測や過去の災害のデータの解析が、人間と自然の関係の一部としてしっかりと組み込まれています。これらの科学技術が作動したことによって、「想定外」の事態にどうにか対応していったというのが、３・11だったと言えると思います。

最後に、私が３・11のときに受けた衝撃についてお話ししておきたいと思います。冒頭でも言ったように、３・11をきっかけとして、私の科学技術の見方は大きく変わりました。３・11以前には、科学技術というものは、自然をもとにエネルギーをつくったり、自然に介入して人間にとって有用なものをつくったり、あるいは自然を破壊したりするものであると考えていました。これは「道具」の延長線上にあるものとして科学技術をとらえる理解だったと思います。そしてもし科学技術による事故が起こったときには、道具の使い方がまずかったのではないかとか、そもそも道具として問題があったのではないか、というような問題意識につながることになります。

けれども３・11以降、科学技術はもっと巨大なものとして見えるようになってきました。原子炉としての原発そのものよりも、はるかに巨大なものとして、地球全体を覆いつくしています。それは空間全体をカバーするような巨大な科学技術システムです。モニタリングの科学技術は、一種の環境として、人間と自然の関係をつくりあげています。それは普段の生活では気づかれることはありませんが、3・11のような災害が起こると、初めてその存在が前面に出てくることになります。

このように科学技術を考えると、かなり見方が変わってきます。道具の延長線上としての科学技術ではなく、一種の世界として見えてくるようになりました。このオンライン講義では、このような科学技術の見方をもとに、さまざまな災害について考えてみたいと思います。科学技術がつくりあげる世界は、どのように私たちと災害との関係をつくっているのでしょうか。そういう視点から考えていきたいと思っています。

質疑応答

「科学技術に想定外はあるのではないでしょうか?　現時点での精いっぱいの想定はできるかもしれませんが。」

もちろん過去のデータからは出てこないような、巨大な災害が起こる可能性はあるでしょう。それでも、それ以前につくられた科学技術をもとに、ある程度の対処をしていくというのが、科学技術システムというものだと思います。そういった意味で、「想定外」とされていることでも、あらかじめシステムのなかにあるものを使って何とか対処したことにされていきます。「想定されていた想定外」とは、そういった意味です。

「想定」というと、誰かが考えているようなイメージなので、言葉が少しまずいのかもしれません。今日お話しした「想定」というのは、システムのなかに準備されているという意味です。このような科学技術があることによって、かつての災害のように、突然、巨大な津波が来襲したり、未知の感染症が蔓延したり、原発から放出された放射性物質で気づかないままに健康被害が続出するというような状態ではなくなっているということです。そのような意味で、「想定されていた」という言葉を使っています。

「科学技術として想定外となるのは、もはや宇宙人来襲とかでしょうか？」

今回、COVID-19の流行は宇宙人の来襲に近いという、ＳＦ作家のコメントをどこかで見かけました。そう考えるのは面白いかもしれませんが、私はCOVID-19はまったくの想定内だと思います。この二〇年ほどの新興感染症対策で言われてきたことが、まさに現在起こっているのだと思います。

「科学技術が災害を規定すると理解すればいいのですか？　それとも、現代では科学技術を用いて災害に対応しているため、災害と科学技術が相互作用を起こしているのが現代の災害ということですか？」

これも重要な質問だと思います。科学技術によって災害が顕在化するという側面は大きいと思います。科学技術が発達しているからこそ、これから起こる災害がわかってしまうということです。それ以前なら、まったく未知のことが起こりえたかもしれません。たとえば初期の公害などは、そのような災害です。気がついたときには、すでにたくさんの人が亡くなっていたり、被害を受けてしまっているということがありました。それに対して現代では、過去の経験が蓄積されてきたので、多くの災害についてはある程度の備えが準備されています。成熟に近づいている科学技術社会とはそのようなものだと思います。

「科学技術が自然環境と一体化していると理解してもいいですか？」

私のなかで、そういうイメージはあると思います。科学技術の外部にある自然環境というものがあるのだろうかということです。もちろんまだまだ未知のことはあるだろうとは思います。でもたとえば一九世紀までの探検のようなものは、現在ではほとんどありえません。つまり現在のフィールド調査は、未知の自然の世界から新しいものを発見する冒険というよりも、データ取りが中心で、しかもその大半が機械で自動化されています。地球全体が科学技術で覆いつくされ、外部世界というのがほとんどないようなイメージです。地球だけではなく、宇宙もそうかもしれません。そもそも宇宙は科学技術を通してしか到達できない場所です。なので、宇宙も含めて環境全体が科学技術でつくりあげられる世界であるとも言えるかもしれません。

「コロナではそれほど過去が参照されていないとのことでしたが、スペイン・インフルエンザの話はよく比較されていますね。」

スペイン・インフルエンザをはじめとする過去の感染症の歴史研究はこの二〇年ほどでとても盛んになっています。前回話したように、一〇〇年前の休校のデータなどが掘り起こされて、現在の公衆衛生に反映されたりしています。

同じような歴史的なデータの掘り起こしは、地球科学の場合には、もっと盛んに研究されています。たとえば歴史地震学という領域があって、過去の地震災害をもう一度、新しいデータとして組み直していく作業が現在、進められています。

「想定と災害の関係についてもう少し説明していただけますか。科学技術がモニタリングに使われているとすると、それが想定していた範囲を超えたときに災害が生じると考えたほうが素直な気がします。」

歴史的に見れば、経験的に備えていたものを超えたときに災害となっていたものが、科学知識に置き換えられたといえるのではないか。その際に正確性を増したということがいえると思いますが、同時に専門家に頼らなければいけないという代償を払った気もします。」

これは面白い見方で、災害の定義にもかかわってくるコメントだと思います。最初の想定やシミュレーションの予想を超えたときに、災害になるのではないかというコメントです。これは少し考えたいと思います。ただ、予測を超える事態の発生は、あらかじめ想定されていて、それをフィードバックするシステムも準備されています。たとえば3・11では、津波の高さは当初の予想よりもはるかに高いものでした。これは最初の地震のマグニチュードだけをデータとして計算しているので、六メートル程度という予測になったのです。この失敗はその後、フィードバックされて、評価方法を再検討し、波高計のデータなどをもとにしてシミュレーションするように改良されています。[11] このように予測の精度を高めるためのシステムは、地球科学の場合には、すでに整備されています。

「われわれが災害をどう受け入れるのかという点でコロナ禍と3・11には違いがあるのではないでしょうか。自然災害はしかたがない、原発は関係者が悪い、コロナの場合は人が原因と考えるべきか半々という気がします。このような災害の違いに人々はどう対応すべきなのでしょうか。」

今日の話は、宇宙からの目線で二つの災害を考えようとするもので、責任者を問うという視点では話しませんでした。けれども現実社会で災害が起こったときには、責任について考えることは大切なことだと思います。感染症の場合には、責任を問うのは難しいと思いますが、人工物の場合は、必ず責任を特定しなければいけません。

3・11の場合には、最初のきっかけは自然災害なので、事故直後の時点では責任の所在について大きな議論になりました。けれども事後的に時間をかけて、起こったことを一つひとつ評価し、対応できるはずだったことを特定して責任をはっきりさせるという手順を踏んでいくことになります。これはおそらく、事後的にしかわからないことなのではないかと私は思っています。災害の発生時点では、何が悪かったかすぐに特定することは難しいのではないかと思います。

「新型コロナ肺炎と東日本大震災について、技術的な側面の共通性について話されていましたが、双方の社会に及ぼす影響の共通性と違いについては、どのように考えるべきでしょうか?」

共通している点としては、ともに将来的な健康被害を予防するために日常が奪われたということがあります。東日本大震災の場合には一定の地域に住む人々の日常を奪い、現在のコロナ禍の場合には一定の期間、人々の日常性を奪っているという点です。

けれども長期にわたって及ぼす影響はかなり違うと思います。今回の緊急事態は時間で区切っているので、一定の時間だけ我慢すればよいという状況です。それに対して原発事故の場合には、長期にわたって一定の地域の人々から日常が奪われたのは非常に大きな違いで、深刻なことだと思います。ただコロナ禍でも将来的には、一定の業種はずっと営業を止めてくださいというように、生活全体が奪われる事態もありうるかもしれません。

「科学技術に対する考え方は、日本と諸外国（発展途上国は除く）で差はありますか？　実際の災害に対する対応への組み込み方や、その後の対応などで、何か感じることがあれば教えてください。」

細かく見ていけば、差がある部分はあると思いますが、科学技術が災害を防ぐシステムに組み込まれているという点では共通していると思います。そしてこの講義では、共通している部分に注目してお話ししているつもりです。ただし発展途上国の場合には、災害についての考え方が、かなり違っている可能性があります。ただ私の講義では、科学技術が高度に発達した社会を想定して話しています。ここでは私が「科学技術社会」と呼ぶ社会で、どのように科学技術が環境をつくりあげ、自然と人間の関係をつくりあげているのか考えていきたいと思っています。

「科学技術も一種の環境とおっしゃっていましたが、その環境と自然環境は対立せず、併存しているのですか？」

一般には、科学技術と自然とは対立しているのではないかと考えられているのではないかと思います。科学技術と自然破壊もあるし、放射性物質のような人工物を撒き散らしているのだから、科学技術と自然は対立的ではないかというイメージはあると思います。私も実際、3・11の前はそう考えていました。ただ、現在の科学技術には、自然破壊をコントロールする科学技術も含まれています。つまり汚染物質の排出をどれくらい制限するかというようなシステムです。かつての公害の時代には、このような規制はなく、汚染物質による甚大な被害が出てしまいました。それに対して現在では、過去の災害をもとに基準値を設定し、モニタリングする体制が整備されています。結果として、自然環境と科学技術がつくる環境は、完全に一体化していると思います。

というのも、科学技術がつくる環境は、地球全体に広がっているのです。つまり人工環境イコール自然環境であり、かつそのほとんどの地域にモニタリングの目が行き渡っているというのが、私の科学技術社会のイメージです。

そろそろ時間が来たので、今日の講義は終わりにしたいと思います。今日は概念的な話をしました。これまでコロナ禍と3・11という二つの事例を取り上げてきました。次回以降はもう少し歴史をさかのぼって考えていきたいと思っています。それでは以上で今日の講義を終わります。どうもありがとうございました。また来週、お会いしましょう。

第三講

「沈黙の春」から「春の沈黙」へ

——害虫の環境史

2020年7月18日

それでは「「災害」の環境史」の第三講をはじめます。

まず前回の講義を振り返っておきましょう。前回は、「3・11の環境史」というテーマで、東日本大震災と原発事故という二つの巨大災害について振り返ってみました。そこでしばしば使われた「想定外」という言葉についてお話ししましたが、みなさんからも多くの意見が出ました。「想定外」という言葉は曖昧なだけに、いろいろ考えることができる用語なのだと思いました。

私の話のポイントは、次のようなものでした。たしかに原子力関係者にとって、あのような巨大事故は「想定外」だったかもしれません。けれども3・11以前にも原子力災害は大規模なものから小規模なものまで繰り返されてきたので、その経験が科学技術システムのなかに蓄積されています。それらの知識が総動員されて、巨大事故への対応がなされていった。もちろんそれは十分なものでも完全なものでもありません。でもそれで日常を取り戻したということにした。避難区域では非日常がつづくことになりますが、その外部では日常を過ごすということにした。それが3・11という出来事であったというのが、前回の話でした。

また科学技術とは何かということについてもお話ししました。3・11まで私は、科学技術とは自然に介入し、そこから人工物をつくるような営みであると考えていました。原発などは、その代表例だと思います。自然を改変してエネルギーを獲得する技術のようなものが、現在の科学技術の中心にあると考えていました。けれども3・11のあと気づいたのは、科学技術にはもう一つの側面があるということです。それは自然とヒトの両方を監視する科学技術です。つねにモニタリングの結果が社会に投げ込まれ、安定した日常をつくっていくという側面です。このような二つの側面が支え合いながら、私たちの生きている日常の世界がつくられています。現在の「科学技術社会」とは、そのようなものです。

このような「科学技術社会」についての見方は、私が3・11以降考えるようになったことなので、環境史や科学史の教科書に説明されていることではありません。このような社会は、科学技術が発達したすばらしい社会だと受け取られた方もいるかもしれません。でも私は、必ずしもそうではないのではないかと思っています。科学技術社会は、いつどのような災害が起こるかつねに予感しながら、災厄と隣り合わせで生きていかざるを得ない社会です。それは少し不気味な社会であると私は考えています。それがどのような世界なのか、最終講で詳しく考えていきたいと思っています。それまで第三講、第四講の歴史編で、少しずつ全体像が見えてくるはずです。

今回は「害虫の環境史」というテーマでお話しします。第一講の「病気の環境史」では、ヒトとその体内にいるウイルスの話をしました。第二講は、地球とヒトの監視、そして人工物による災害について見てきました。そして今日、見ていくのは動物です。地球上には、ヒトのほかにもいろいろな生物が生きています。そのうちとくに昆虫について考えてみたいというのが、今回の講義のテーマになります。

そもそも「害虫」は災害なのだろうか、と思われるかもしれません。たしかに現在の日本では、害虫が災害になっているというイメージはないかもしれません。しかし世界的に見れば、害虫は大きな災害です。いま現在、アフリカでサバクトビバッタという昆虫が大発生し、あらゆる植物を食いつくしていることがニュースになっています。このようなバッタの大発生は、歴史上しばしば見られた大災害です。それがいま、アフリカからインド北部までの広範囲に渡って起こっています。

日本でも、かつて害虫は大災害でした。少なくとも江戸時代までは、しばしば害虫が原因で飢饉が起こ

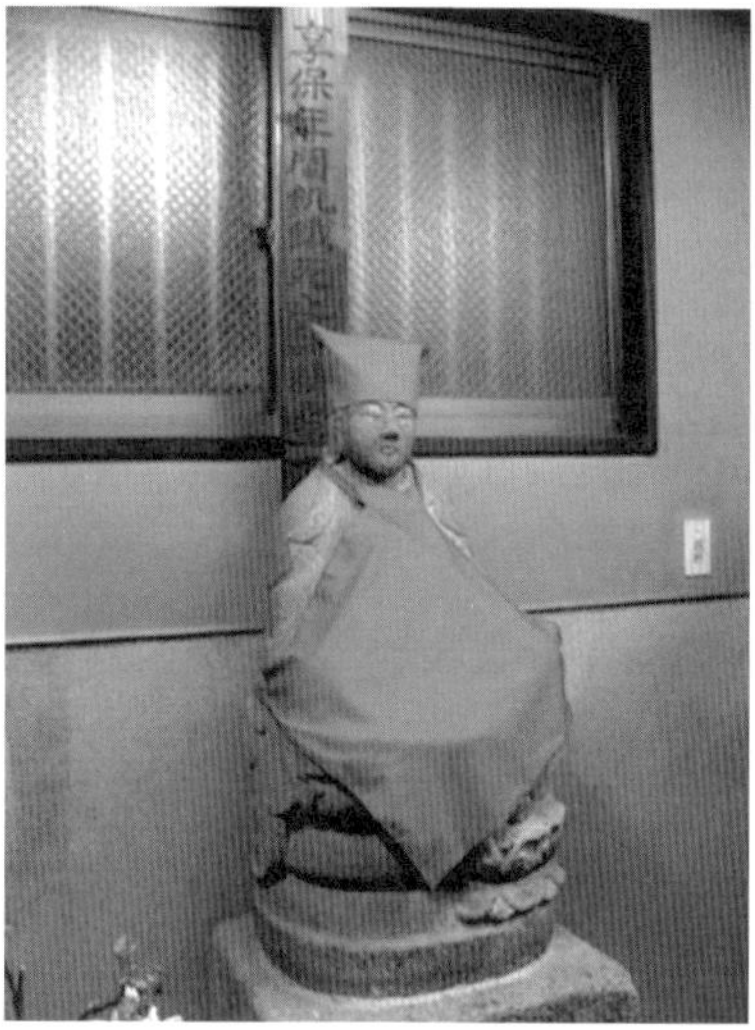

図１　川端飢人地蔵尊

っています。その一つが、一八世紀の享保の飢饉です。このときは西日本を中心に餓死者が大量に出たという記録が残っています。その原因は、農作物が十分に収穫できなかったこと、つまり凶作ですが、虫害、とくにウンカの大発生があったと記録されています。そのときの餓死者たちを供養するために、博多に図1[1]のようなお地蔵さんが建立されました。中州の飲み屋街のなかにいまも残っているものを私が撮影してきたものです。このように、多くの死者がでるほどの災害をもたらしたのが、かつての害虫だったのです。

このような状態は、近代に入ってからも続きます。一九三〇年代の日本では、防災についての科学研究が確立していきます。そこで岩波書店から全六巻の『防災科学』（一九三五‐三六年）という叢書が出ています。『震災』『火災』『水災と雪災』などの巻と並んで、そのなかの一冊は『凶作』です。農作物の凶作は、地震や水害と同じように、

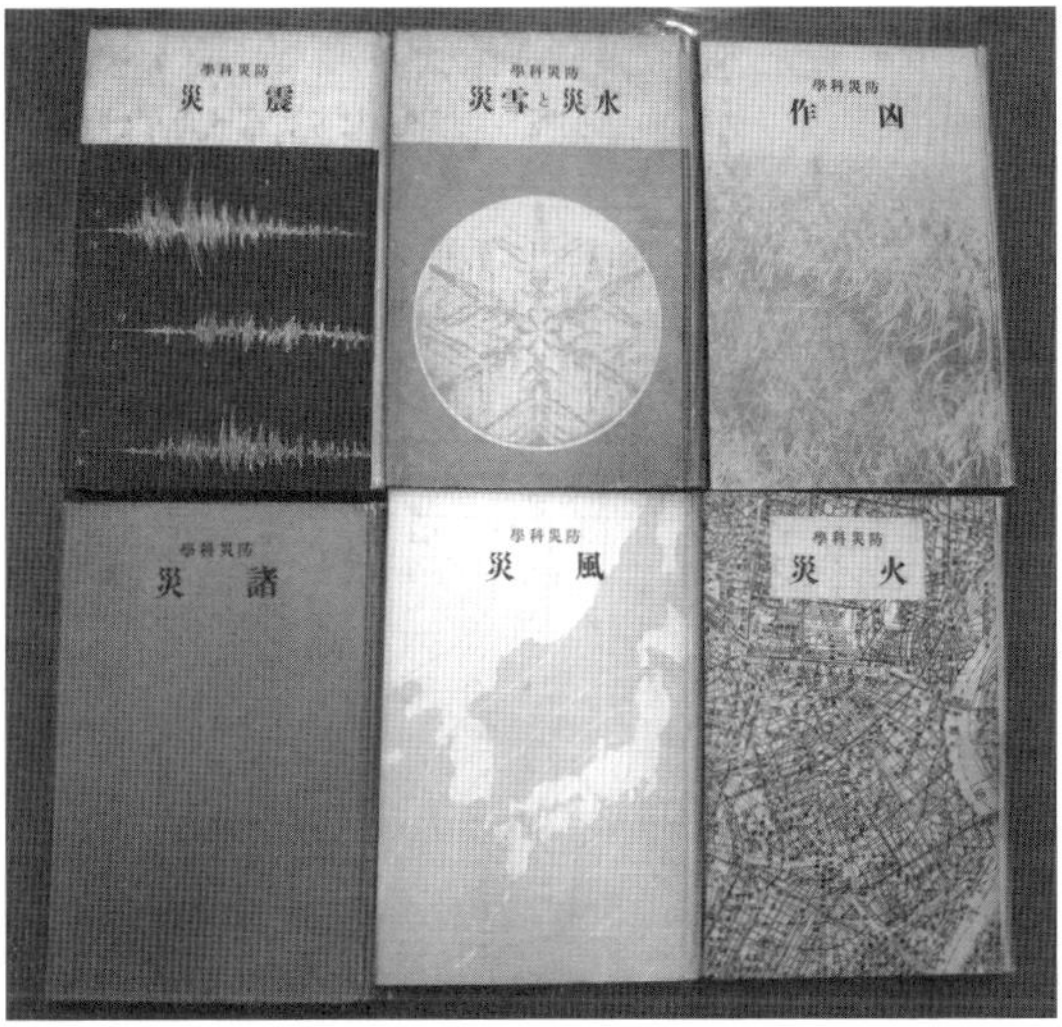

図２　京都大学所蔵の『防災科学』全六巻

社会に深刻なダメージを与えるものだったのです。『凶作』の巻のうちの一章は「虫害」に割り当てられています。[2]

このように害虫は、世界的に見ても歴史的に見ても深刻な災害です。その歴史を振り返ることで、現在のコロナ禍も別の視点から見直すことができるのではないかと思います。タイトルは「「沈黙の春」から「春の沈黙」へ」です。なぜこのようなタイトルなのか、最後にわかるように話を進めていきたいと思います。今日の話の前半は、私が二〇〇九年に出した『害虫の誕生』をもとにしています。[3]後半は、３・11以降に気づいた科学技術の両面性という視点から害虫を考えるとどのように見えるのか、という話をしたいと思います。

■「害虫」とは何か

それではまず、そもそも「害虫」とは何だろうかというところから考えてみましょう。『広辞苑』には、次のように書いてあります。

【害虫】人畜に直接害を与え、または作物などを害することによって人間生活に害や不快感を与える小動物の総称。[4]

ここにはたくさんのことがごたまぜに書かれています。最初の「人畜に直接害を与え」とは、カやハエのように病気を媒介する「衛生害虫」と呼ばれるものを指しています。次の「作物などを害する」、つまり農業に被害を与えるのは「農業害虫」というものになります。さらに直接に害を及ぼすものだけでなく、見たり触れたりするのが不快なゴキブリのような生物も害虫になります。さらにダニのような昆虫以外の動物も害虫とされるので、ここでは「小動物」と書かれています。ともあれ、おもに農作物・家畜・人間に被害を与えるものが害虫と定義されています。このような定義は、人間が自然の一員である小動物たちから被害をこうむっているという見方にもとづいています。

それに対して、この講義では環境史の視点から、つまり自然の側の視点から考え直してみたいと思います。とくに農業害虫について考えてみましょう。結論から言えば、農業害虫とは、人間が意図せずして餌を与え、育てている生物です。もちろん農業害虫は、農業というものが定着することによって初めて成立する概念です。農地という場所は、均一の植物を人間が育てる人工的な空間です。それらの農作物はヒトにとっての食料となるだけでなく、ほかの生物にとっても餌になります。とくに農作物と近縁の植物を餌としてきた昆虫が大発生することになります。それらの昆虫が害虫になっていきます。つまり、農業が充実すればするほど、害虫は増えていくことになります。このような意味で、害虫はヒトがつくりだした人工空間を生息地として、ヒトと共生している生きものであると言えます。

ただし、いつの時代の農業においても、人間が害虫の発生に悩まされてきたというわけではありません。日本における害虫の歴史を見てみましょう。日本で害虫の発生を記録した史料は、古くは七世紀にまでさかのぼることができます。あとで述べるように、当時は「害虫」という言葉はなく、たんに「虫」と言われたり、「蝗《いなむし》」と呼ばれたりしていました。「蝗」は、現在では「イナゴ」と読みますが、歴史的には必ずしもイナゴを指しているわけではなく、稲につく虫のことです。おそらくウンカを指していると考えられています。ウンカは、稲作にとって大害虫でした。

これまで日本で起こった蝗《いなむし》、つまりウンカの大発生がどれくらいの頻度で起こっているのか、ある昆虫学者が調べた研究があります（表1）[5]。こうして見ると、一八世紀以降に虫害が急増していることがわかります。もちろん現代に近くなるほど、知識人が農業に注意を向けるようになるので、記録に残りやすいということもあります。ただ、江戸時代は、水田開発が大きく進んだ時期であるということもあります。江戸時代は人口も増え、水田が開発されて、稲作の収量も上がっていった時代です。さらにそこに肥料も投入されるようになります。肥料が増えると、害虫の発生も増えるのです。その結果、頻繁に害虫の大発生が起こるようになったのです[6]。

表1　日本で記録されたウンカの大発生年数

西　暦	ウンカ大発生年数
600年代	2
700年代	7
800年代	5
900年代	2
1000年代	2
1100年代	0
1200年代	0
1300年代	0
1400年代	1
1500年代	3
1600年代	5
1700年代	27
1800年代	25
1900-1955年	40

それに対して、江戸時代の人たちはどのように対応していたのでしょうか。先ほど言ったように、江戸時代は農業が盛んになった時期なので、農業の研究書がたくさん出版されています。「農書」と呼ばれる書物が各地で発行されていて、そのなかには害虫について書いてあるものも多く残されています。そのうちもっとも有名なものとして、『除蝗録《じょこうろく》』（一八二六年）という本があります。豊後の大蔵《おおくら》永常《ながつね》という人が書いたものです。大蔵は、各地を旅して農業についての知識を収集し、現在なら農学者であり、ジャ

ーナリストともいえる人物です。

『除蝗録』で大蔵は、クジラの油を散布すると虫が死滅すると言って推奨しています。これは一八世紀後半から西日本を中心に広まった方法です。その一方で、鯨油を準備できない地域では、次のようなやり方で虫害に対処していたと大蔵は言っています。それは「虫送り」という行事です。害虫が発生したとき、農民たちは太鼓を打ち鳴らし、たいまつを掲げ、ホラ貝を吹きながら村のなかをねり歩き、村はずれまで虫を送っていきました。これは一種の雨乞いのようなもので、宗教的な儀礼です。大蔵は『除蝗録』で、音で驚いて虫が逃げていくのだとか、火のなかに虫が飛び込んで死ぬのだとも言っていますが、実際に効果があったかどうかは疑問です。けれどもこのような行事は江戸時代を通してずっと行われ、明治時代でも各地で行われていました。現在でも伝統行事として残っている地域は一部ありますが、少なくとも一九世紀までは頻繁に行われていた虫害への対処法だったのです。

では、なぜ江戸時代の人たちは、熱心に虫送りという行事を続けたのでしょうか。とくに明治時代の記録を見ると、農民たちは害虫駆除に熱心ではなく、虫送りばかりやっていると書かれています。その理由は、人々が虫を殺しても、結局は自然にわいてくるものだと考えていたからです。害虫の発生を左右するのは、湿気や風向きなどの気候の変化であると考えられていたのです。江戸時代のいろいろな言葉の語源について書かれた貝原益軒《かいばらえきけん》の『日本釈名《にほんしゃくみょう》』（一七〇〇年）という本があります。その本には、虫の語源は蒸し蒸しした状態から来ていると書かれています。この語源が正しいのかどうかは別として、湿気から虫がわいてくると思っている人は多かったのです。だから、卵やさなぎ、成虫を殺して次の世代が生まれてくるのを防ぐという発想はありませんでした。

これは江戸時代の末期に活躍した大蔵の場合ですら同様でした。『除蝗録』から一八年後に書かれた『除蝗録後編』（一八四四年）という本があります。そこで大蔵は、蝗《いなむし》は気候不順によって生じるのだと言っています。つまり気候が変わると、風向きが変わったりして、虫が生じてくるということです。ここで害虫の発生は、一種の気象現象と見なされています。それは人間がコントロールできるものではないので、発生してから虫送りをしたり、鯨油が準備できる地域では殺虫剤として散布する。江戸時代の農業では、このような対応が取られていました。

■害虫と戦う

明治時代に入ると、政府は近代科学を導入し、それにしたがって農業政策をすすめていきます。そこで国内のどこかで害虫が発生すると、すぐに昆虫学者が派遣され、被害状況の調査がなされるようになります。現在の農林水産省にあたる機関として、勧農局という部署が一八七七年に設置され、農業に関する調査研究を開始しました。そこの局長だった松方正義が、一八七九年に「虫災諭言」という文書を出しています。現代語訳すると、次のようなことを言っています。

私が不思議に思うのは、ほとんどの農家が虫を度外視して意に介していないということだ。結果としてその増殖するにまかせている。そしていったん大発生すると、狼狽して困り果て、何もせずに考えがない。思うにこれは天災であって人力が制することができるものではない、と。そこで虫のことを鬼神にお願いし、神職に依頼し、あるいは人形をつくって太鼓を鳴らして、老若の者たちが田圃《たんぼ》のあいだで踊ったり大声を上げたりしている。これを虫送り、または虫追いという[7]。

ここで面白いのは、「これは天災であって人力で制することはできない」と農民たちが考えていたというところです。だから、雨乞いと同じように、鬼神に訴えたり、虫送りのようなことばかりしているのは嘆かわしい、と松方は言っているのです。このような状況は、一八九〇年代ぐらいまで続きます。この頃まで、村人たちが害虫を駆除しようとしなくて困るとか、虫送りばかりやっているという記録は多く残されています。それに対して、二つの経路で「害虫と戦う」ことが社会に浸透していくことになります。

一つは、強制的に害虫駆除をやらせる法律がつくられます。一八八五年に田圃虫害予防法という法律ができます。そこでは指定された「害虫」を駆除することが定められています。ここで条文中に「害虫」という言葉が出てきます。その一一年後、害虫駆除予防法という法律ができます。この法律では、害虫駆除をやらなかった者は逮捕されたり、罰金を科されたりします。とくに一九〇〇年代には、年間五〇〇人くらいが逮捕拘留され、五〇〇〇人から八〇〇〇人程度が罰金を科されています（図3）[8]。この当時は、警察権力を使って、さまざまな農業技術を強制的に実行させていました。その一つが害虫駆除でした。そこで「害虫」という概念も農民たちにたたき込まれていくことになります。それまで「虫」「蝗《いなむし》」と呼ばれてきた虫たちが、人間にとって有害な虫としての「害虫」というカテゴリーのなかに囲い込まれていったのです。

もう一つは教育でした。いま小学校では、マスクの着用や、地域によってはフェイスシールドの着用な

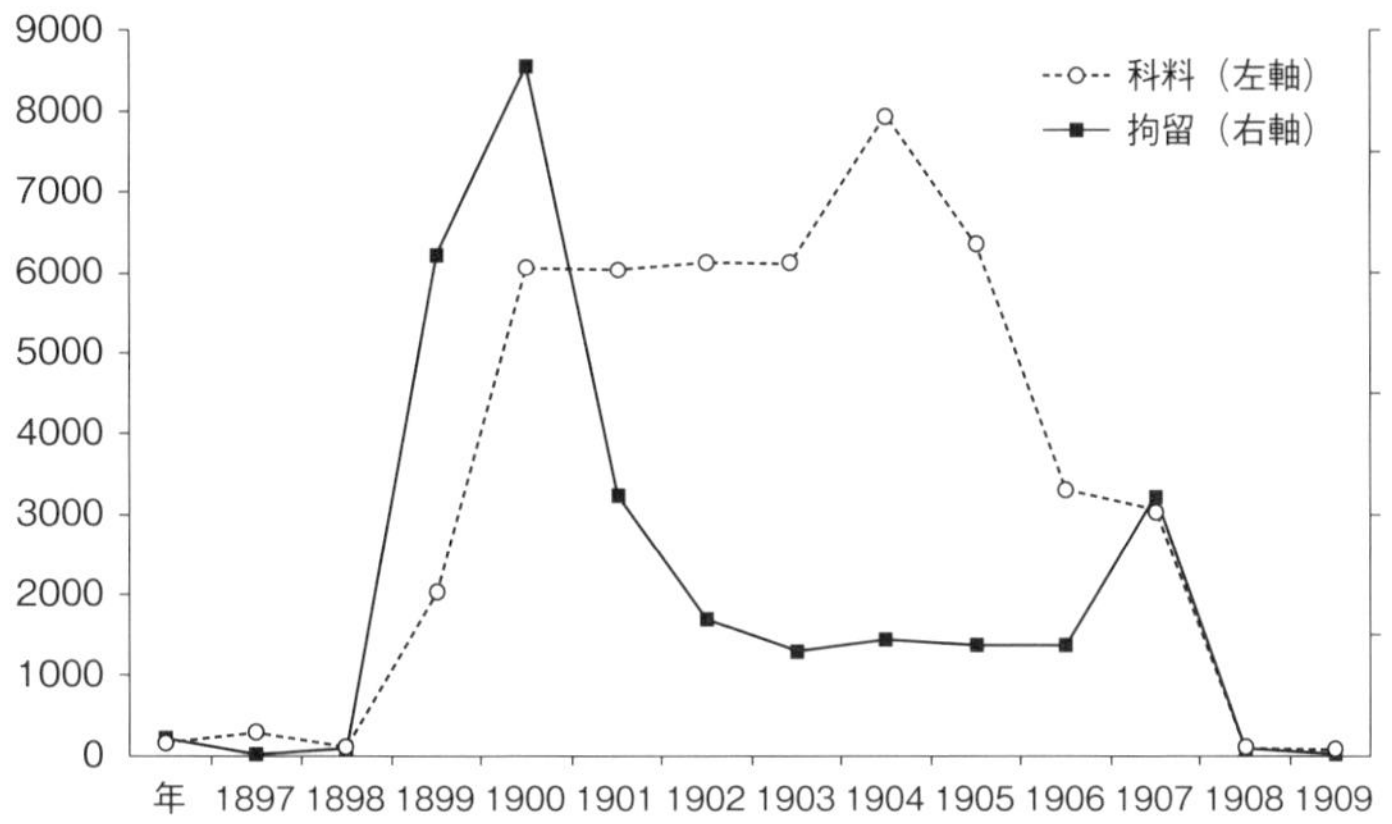

図 3　害虫駆除予防法にもとづく取締数（1896 ～ 1909 年）

ど、「新しい生活様式」というものがたたき込まれています。それと同じように、「害虫」との新しいつき合い方が、一八九〇年代以降に浸透していきます。当時の小学校では、しばしば子どもたちを農地に連れて行き、虫をたくさん捕らせるということをやっています。手で卵やさなぎ、成虫を集めていくのです。そこでたくさん捕った児童には、賞品や賞金が与えられます。このような行事は、一九四〇年代ぐらいまでの農村ではよく行われているので、いまのお年寄りのなかでも経験された方がいると思います。

「害虫唱歌」というものも残っています（図4）[9]。日露戦争の直後には、「害虫と戦う」ことと戦争のイメージが重ね合わされます。「農家の敵を滅ぼし」て、「凱歌《かちどき》」をあげて帰ろう、というように、ほとんど軍歌のような勇ましい歌です。「浮塵子《うんか》つとむし其他《そのほか》に、みなわが武器に滅ぼさむ」と、イネの害虫を殲滅することが歌われています[10]。ただしここで言う「武器」として、この時期にはまだ手で取るという方法がもっとも有効でした。石油を散布する、誘蛾灯で虫を引きつけるというような方法もありましたが、

農業
教育　害蟲唱歌

文學博士　井上　頼圀作歌
農學士　小貫信太郎撰輯
農學士　佐々木祐太郎撰輯
山田源一郎作曲

害《がい》蟲《ちゆー》驅《く》除《およ》に往《ゆ》く時《とき》の歌《うた》

攻《せ》め來《く》る敵《てき》は國《くに》のあだ
よせ來《く》る蟲《むし》は農《のー》のあだ
いざや吾等《われら》は農《のー》のため
あだなすむしと戰《たゝか》はむ

図 4　「農業教育害虫唱歌」（1906 年）

成虫を網で集める、幼虫が潜んでいる茎を抜き取って燃やす、といった方法が一般的だったのです。

ただ、この時期に初めて、害虫を人間の「敵」と見なし、戦って排除するということがはじまります。人間と害虫との対立図式が浸透し、それまで気象災害だったものが、戦うべき「敵」となったのです。

■害虫を管理する

日本では第二次大戦以降に化学殺虫剤が普及しはじめます。アメリカなどではすでに一九二〇年代から大量の化学殺虫剤が使われるようになっていました。そのきっかけが第一次世界大戦です。第一次大戦後、軍の飛行機を使った空からの殺虫剤散布がはじまります。[11]さらに一九四〇年代にはＤＤＴという新しい有機合成殺虫剤が登場します。これは第二次大戦中の戦場でマラリアを媒介する蚊を駆除するために導入されたものが、農業に転用されたものです。こうして化学殺虫剤をまんべんなく農地に散布して、空間全体を化学的につくりかえていきます。ここでは害虫を殲滅することが目指されていました。

すると新たな問題が生じてくることになります。ここにできたのは、均一の植物が栽培され、さらに化学的につくりかえられた環境です。それは人間が自らの食料生産のためにつくりあげた人工環境です。すると人間が意図していなかったことが起こります。新しい環境に適応した害虫が生まれてきたのです。殺虫剤が散布されると、多くの害虫は死滅します。でも生き残ったものは、農薬に対する耐性が強い個体です。それら個体が生き残って次の世代をつくると、殺虫剤に対して強いものがどんどん増えていきます。このような現象が起こりうることは、すでに一九三〇年代から遺伝学者たちが指摘していました。[12]実際にヒトがつくった環境は、殺虫剤に耐性を持つ方向へと、害虫を進化させてしまったのです。均一の作物を多く育てて害虫を生み出し、さらに農薬をまいて強い害虫を増やしていくという、マッチポンプのようなことを人類はやってきたのです。

さらに害虫以外の生物も悪影響を受けていることが明らかになってきました。害虫を食べている天敵が減って、むしろ逆に害虫が増えてしまったり、野生生物が健康に被害を受けていること、さらにそれが人への被害にもつながってくることがわかってきます。このようなさまざまな農薬問題をまとめて指摘したのが、レイチェル・カーソンの『沈黙の春』（一九六二年）です。カーソンはアメリカの作家で、もともとは海洋生物学を研究していました。一九五〇年代には農薬問題について多くの文献が出ているので、それらを包括的に調査して告発する本を出しました。『沈黙の春』は次のような風景からはじまります。

> 自然は、沈黙した。うす気味悪い。鳥たちは、どこへ行ってしまったのか（中略）春はきたが、沈黙の春だった。いつもだったら、コマツグミ、ネコマネドリ、ハト、カケス、ミソサザイの鳴き声で春の夜は明ける。そのほかいろんな鳥の鳴き声がひびきわたる。だが、いまはもの音一つしない。野原、森、沼地——みな黙りこくっている。[13]

ここで書かれているのは、農薬を過剰に散布したことによって鳥の声がしなくなってしまった沈黙の春というディストピアです。この本はアメリカ社会に大きなインパクトを与えました。日本語でも翻訳が『生と死の妙薬』というタイトルで一九六四年に出ています。いまでは『沈黙の春』として新潮文庫に入っていますが、日本でも広く読まれてきました。その結果、害虫と人間の関係が大きく変わっていきます。昆虫学者たちの態度も変わっていき、社会全体としても農薬をなるべく使わないような新しい害虫とのつき合い方が模索されるようになります。

そこで登場したのが、総合的害虫管理（Integrated Pest Management）、略してＩＰＭと呼ばれる考え方です。一九六〇年代ぐらいから昆虫学者たちによって唱えられるようになったものです[14]。総合的害虫管理には、大きく分けて二つの特徴があります。

一つは、殺虫剤だけでなく、さまざまな方法を使って農作物への被害を軽減しようとすることです。それまでは殺虫剤を使って害虫を殲滅しようとしていたのに対し、天敵を利用したり、栽培方法を変えたり、多様な技術を複合することで、殺虫剤を濫用しないようにしようという考え方です。

そして二つ目が、より重要なのですが、「経済的被害許容水準」というものを設けることです。これは被害を許容できる水準なら、害虫がいても別にいいとする基準値です。この水準を超えると駆除が必要になりますが、それ以下の場合には被害額よりも駆除のコストの方が高くついてしまいます。その場合は害虫がいてもいいということです。これは新しい発想です。さらに一九九〇年代以降は、生物多様性保全の考え方を害虫防除に持ち込んだ議論も出ています。経済的被害許容水準以下の害虫のうち、絶滅に近いものが出てきたとしたら、むしろ保護の対象になるのではないかという議論です。絶滅してしまうと、農場の生態系の生物多様性が損なわれてしまうのではないか、という昆虫学者もいます[15]。

ともあれ経済的被害許容水準を設定するためには、害虫の数を見ていかなければいけません。そのため害虫をモニタリングして個体数を把握することが必要になります。さらに得られたデータを数理モデルに組み込んで、これからどれくらい増えていくのかシミュレーションしていきます。このように現在の感染症の流行予測と同じことが、害虫に対しても行われるようになったのです。理論的には、個体数の数理モデルは、ヒトを対象にした人口論と害虫をあつかう生態学の両方で、二〇世紀を通じて発展してきました[16]。それを現実に適用していったのが、一九六〇年代以降のＩＰＭだったのです。

実際にいま、どのように予測が行われているのか、二つほど事例を見ておきましょう。一つ目は、ウンカ飛来予測というものです。日本植物防疫協会のウェブページで公開されています（図5）[17]。これはセジロウンカとトビイロウンカという二種類の害虫の飛来予測です。今ちょうど時期なので、ウンカの飛来について予測されていると思います。東アジアの地図が出てきていて、どの地域にいつごろ来るのかということが見えています。これらのウンカは中国南部からジェット気流に乗ってくるのです。だから、かつて江戸時代の人たちが、害虫の発生は気候が原因だと考えていたのも間違いではなかったのです。ここではジェット気流の流れと害虫の発生を組み合わせて、日本列島にいつウンカが飛来するのか予測することが可能になっています。これは二〇〇四年にできたシステムですが、政府の農研機構と日本原子力研究所が開発したものです。つまりＳＰＥＥＤＩで使われた放射性物質の拡散を予測するシステムと同じものが転用されているということです[18]。

もう一つの事例も見てみましょう。これはＦＡＯ（Food and Agriculture Organization of the United Nations：国連食糧農業機関）のシステムですが、ローカスト・ウォッチというトビバッタを監視するシステムです[19]。いままさにアフリカ大陸で大発生しているバッタの予報が、ウェブページで公表されています（図6）[20]。現在はもっとも高いレベルの警報が出ていますね。このように、いまどれくらい発生していて、これからどこでどれくらい増えていくのか予報できるようになっています。このデータは、基本的に人が入力しているようです。ヒトが害虫を監視してスマートフォンに入力し、その位置情報がシステムに集約されていきます。

このようにモニタリングから予測してフィードバックするシステムが、害虫の場合はある程度は進めら

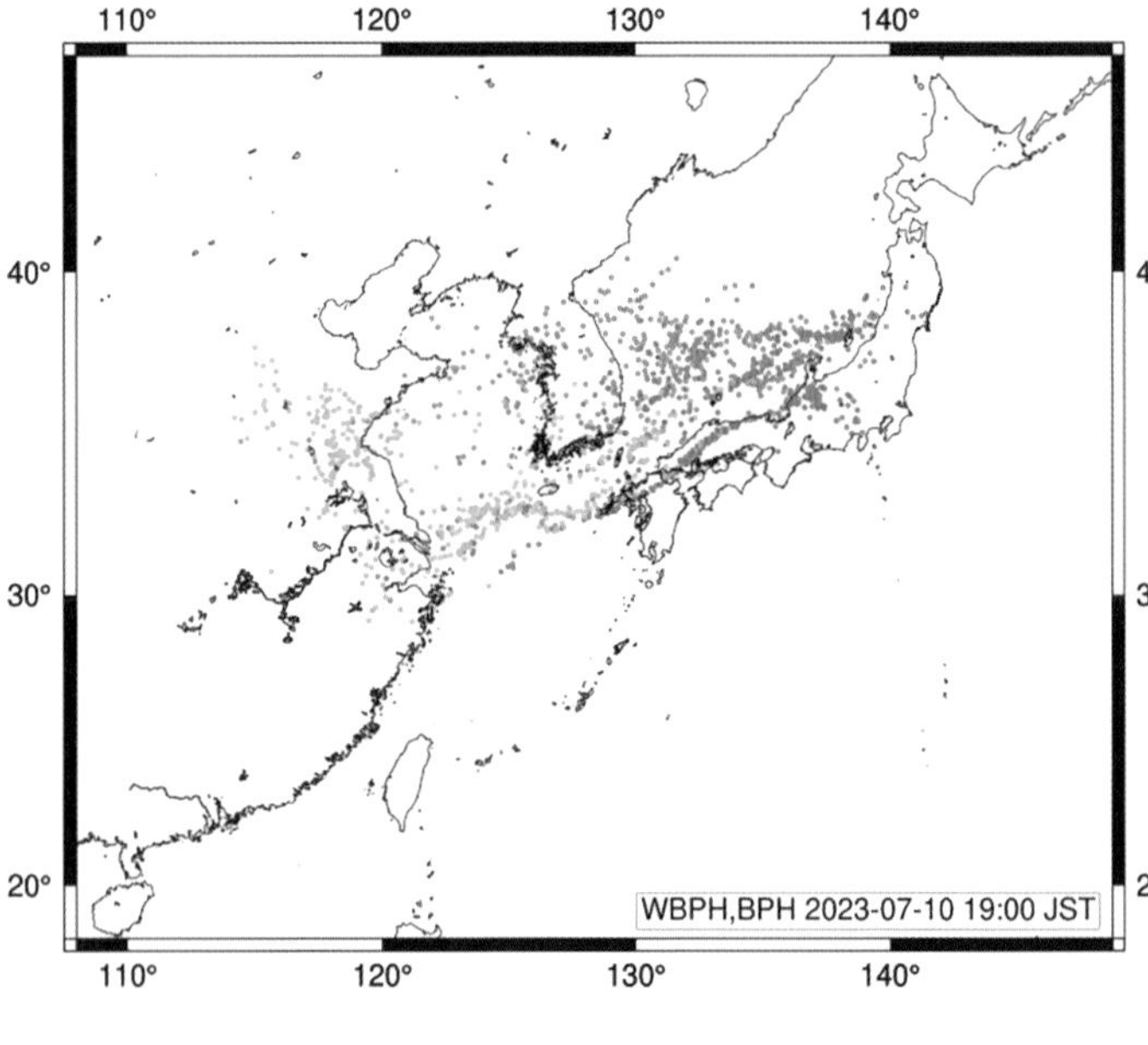

色づけられているところがウンカの飛来が予測されている領域。ウンカの発生地域（飛び立ち域）毎に色分けされている。この予測図は、1時間間隔の動画となっている。

図５　海外飛来性害虫　飛来予測システム

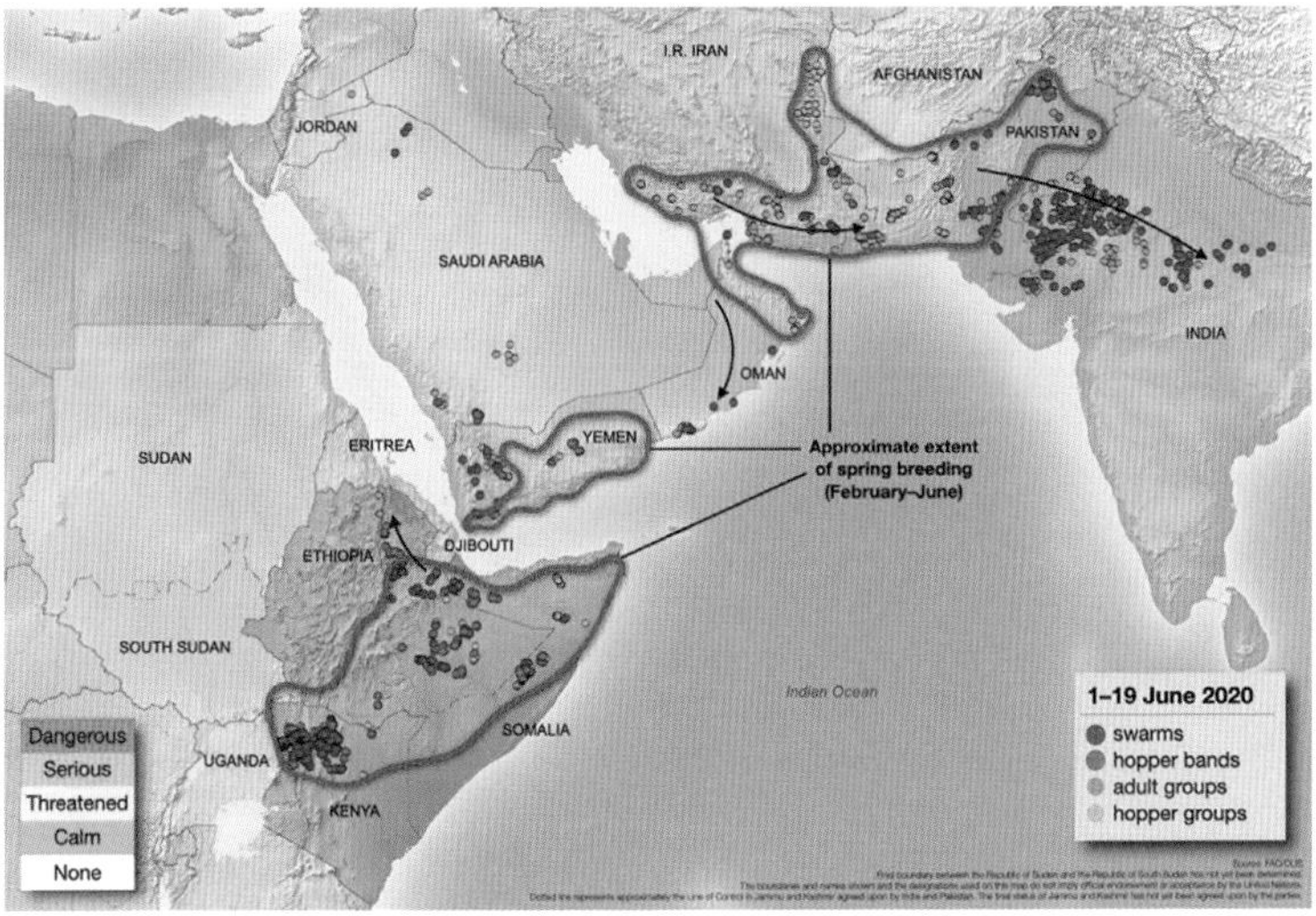

図6　FAO Locust Watch

れています。害虫は、生物種のなかでは比較的よくデータ化されている方です。気象観測の場合には、自動的に膨大なデータが収集されるシステムが完成しています。またヒトの場合には、感染症などのデータが統計でまとめられてきました。それに対して、ヒト以外の生物の場合には、モニタリングのシステムはまだまだ発展途上です。いまのところ害虫の発生予測でも、人間が観察し、データを手で入力して集約するという形で行われているのです。

まとめ

今日は「害虫の環境史」について話してきました。そこから見えてきたのは、「害虫」とは人間に被害を与える生物というよりも、ヒトが人工空間をつくりあげることによって生まれる生物だということです。農地という人工空間は昆虫にとっても住みやすい空間で、そこでヒトと共生している生物が害虫なのです。

さらにヒトと昆虫のあいだの関係は、歴史的に見ると、何度か転換点がありました。かつて虫害は、一種の天災だったのです。つまり気象現象のようなものと考えられていました。それが「敵」となったのが明治以降のことでした。化学殺虫剤が導入されると、過剰な農薬利用が思わぬ結果を招くようになります。そこで登場したのが、総合的害虫管理です。これはいま「Ｗｉｔｈコロナ」と言われているのと同じように、「Ｗｉｔｈ害虫」の発想です。害虫がいてもいいけれども、被害が一定程度以上にならないように対応していきましょうというものです。そのためにモニタリングとシミュレーションが行われることになります。

こうして見ると、病気の環境史と害虫の環境史は、かなりつながってくると思います。感染症もかつては大規模な災害でした。突然流行がはじまり、多くの人が亡くなっていく、天災のようなものだったに違いありません。その後、感染症は大幅に減ってきました。衛生的な整備や予防接種、抗生物質などの技術を導入することで、二〇世紀後半には感染症は病気としてはマイナーなものになっていきます。しかしいま、ふたたび新しいタイプの感染症があらわれつつあります。そのような感染症とのつき合い方を、人間は模索している段階なのです。その歴史は、害虫とヒトの関係がたどってきた歴史とパラレルな道筋をたどっています。害虫の歴史を見ることによって、病気の歴史を考える視座も得られるのではないかと思います。

最後に「沈黙の春から春の沈黙へ」というタイトルの説明をして終わりたいと思います。「春の沈黙」は、今年（二〇二〇年）の春に緊急事態宣言が出されて、街から人がいなくなり、プロ野球なども無観客で行われるようになったことをあらわしています。このキーワードを考えたきっかけとして、ちょうど緊急事態宣言が出されたころに見た中国の映画監督、賈樟柯《ジャ・ジャンク》の『来訪』という作品があります。世界中の監督たちが制作したコロナの時代を描いた一連の映画作品のうちの一つです。五分ぐらいの短編映画なので、のちほどぜひ見ていただければと思います。

そこで自然の風景は、彩りも鮮やかなカラー映像で描かれています。花には色があるし、背景では鳥の鳴き声が聞こえます。『沈黙の春』とは反対に、外には豊かな自然があって、いつも鳥が鳴いています。それに対して家のなかは完全にモノクロ映像で描かれています（図7）[21]。そこで人々は、ソーシャル・ディスタンスを保ちながら、手を消毒してマスクを身につけ、体温をモニタリングされながら生きています。

図7　賈樟柯『来訪』（2020年）より

かつてカーソンは、自然が失われた世界を「沈黙の春」として描きました。しかし現在、それとはまったく違ったかたちでディストピアが生まれつつあります。それはモニタリングや予測の科学技術によってつくりだされた世界です。この映画は、科学技術が行き着いた果てのアイロニカルな世界を見せつけていると思います。今回は、この映画のイメージを考えながら、タイトルに「春の沈黙」を入れました。講義が終わったあとにでも、見ていただければと思います。

質疑応答

「現代に近づくほど虫害という現象を「害」と認識する傾向が強まったのでしょうか。それとも現象自体が増えたのでしょうか。」

これはたぶん両面だと思います。虫害という現象自体が増えたということももちろんあると思います。つまり農業が充実してきたことによって、どんどん害虫が増えるようになった。均一な農作物を育てれば育てるほど生態系が不安定になって、突発的な害虫の大発生が増えてきたということがあります。同時に、かつて虫害は気象災害だったので、規模の小さいものはそれほど気にされていませんでした。けれども人間に被害をもたらす有害な生物と認識するようになったので、比較的小さな被害についても敏感に記録されるようになっていった。そういう二つの側面があるのでしょう。

「諸外国と日本で、害虫と人間の関係は違っていたのでしょうか。」

ヨーロッパでも、昆虫は自然発生するという考え方は一八世紀まで一般的でした。なので昆虫の生活史、卵から幼虫、さなぎとなって成虫になるということを理解した上で、害虫を駆除しなければいけないという発想が出てくるのはその後のことになります。
応用昆虫学が研究分野として確立するのは、一九世紀半ばのことです。専門家が登場したことによって、科学的知識をもとに駆除していくようになります。最初に応用昆虫学が確立したのはアメリカで、その少しあとに日本でも科学的な昆虫学が導入されていくことになります。

「害虫が許容水準以下になったら、それは害虫ではなくなるので、害虫との「共生」ではないように思えるのですが……。」

経済的許容水準以下になったら、たしかに害虫からただの虫になります。ただ、ヒトがつくった環境のなかで害虫が生きるという状態は続くので、共生関係は続いています。ヒトが被害を気にしない、あるいは存在することに気がつかない生物は、とくに目に見えない微生物では無数に存在します。害虫もそのような気づかれないまま共生する生物の一つになるのでしょう。

「害かどうかを決めるのはあくまでも人間だから、モニタリング対象になるのも、人間にとって害があるとする虫ですよね。その虫が他の動植物にとって重要かどうかという研究はされているのかな。それが意識されているから害虫を絶滅させるよりもモニタリングでという発想になっているという側面もあるのかな。」

たしかに害虫研究で、モニタリング対象になるのは被害を与える虫が中心ですが、最近では生物多様性全体を把握して管理していこうという動きもあります。そこでは害虫も含めて生物全体がモニタリングの対象になります。それはもちろん、気象学などの緻密なデータ化と比べれば粗い網です。害虫と同じように、観察して発見した人が一つひとつ生物多様性のデータベースに入れるというかたちで蓄積されます。科学者たちの将来的な理想としては、あらゆる生物について緻密なモニタリングをするように目指しているのだと思います。

「害虫の環境史と病気の環境史はかなり似ているとのことですが、両者には大きな違いというのはありますか？」

違っている部分はあるだろうと思いますが、似ているところのほうが多いような気がします。両方とも密集しているということが重要です。農作物が密集した環境が害虫を生み、人口が密集している環境が感染症をもたらします。災害がもたらす被害も、虫害で飢饉が起こったり、病気で死んだりするように共通していると思います。かつては災害と言えば、地震台風のような天変地異のほかに、飢饉や疫病を指していました。このように害虫と病気には共通点の方が多いと思います。

「害虫はヒトと別の生物としてコントロールできるが、ウイルスはつねにヒトのなかにいるので制御が難しいという面がある気がします。」

そうですね。このコメントを読んで気づきました。そこが害虫と病気の一番大きな違いなのではないかと思います。害虫の場合には、自然の生態系を人工化した上で、そこでつくられた自然を制御していきます。それに対して病気の場合には、ヒトが自分たちの集団自身を監視しながら、コントロールしていかなければなりません。

そうなると、人間の意思や自由とどう折り合いをつけていくのかが問題になります。害虫のようにモニタリングしながら自己制御するということになると、人間はもはや家畜と同じで完全にコントロール下にある生物になりますね。ディストピア的なイメージで言えば、管理社会の成立ということになるのだろうと思います。

「害虫と「共生する」という意識は（とくに農業従事者など当事者のあいだで）どの程度合意されているのでしょうか?」

これはわからないので、ぜひ農家の方などいらっしゃったらコメントいただければと思います。少なくとも昆虫学者のあいだでは、ＩＰＭ以降、害虫を根絶したり殲滅したりするという発想から、いかに制御するかといった発想へと移行しています。それを「共生」というかどうか、またそれが農業の現場にどれくらい共有されているかは、当事者に聞いてみないとわかりません。チャット欄には「現場ではさっぱりです（笑）」というコメントもありますね。

では、今日はこれくらいにしたいと思います。次回は、また深刻な話に戻ってしまいますが、「交通事故の環境史」です。交通事故がなぜ環境史のテーマになるのか。今のコロナ禍とどうつながってくるのか、話したいと思います。

どうもありがとうございました。また来週よろしくお願いします。

第四講

日常に埋め込まれた「災害」

――交通事故の環境史

2020年7月25日

それでは「「災害」の環境史」の第四講をはじめたいと思います。

前回は、「害虫」というテーマで歴史的にさかのぼって考えてみました。そこでの質疑応答で、現在のコロナと害虫との違いが話題になったのですが、チャットで次のような意見を書き込んでくれた方がいました。害虫の場合には、私たち身体の外部にある存在をモニタリングして管理していくのに対し、コロナの場合にはウイルスは私たちの体内にあるのだから私たち自身を管理するようになっているのではないか、ということです（本書七八頁参照）。

今日は、コロナウイルスと同じように、私たち自身を管理している災害を取り上げたいと思います。テーマは「交通事故」です。これは環境史としては、変わったテーマだろうと思います。そもそも交通事故が、なぜ環境史になるのだろうかと思われる方もいるのではないでしょうか。交通事故とは、自動車の安全性やドライバーの過失によって引き起こされるもの、というイメージがあるのではないでしょうか。けれどもじつは交通事故は、自動車社会という新しい環境が生まれたことによって出てきた災害です。これは環境史の重要なテーマになるだろうと思います。環境史という視点から交通事故を見ると何が見えてくるのか。それはコロナ禍に何を教えてくれるのか、見ていきたいと思います。

一般的に自動車社会について考えるとき、私たちは道具としての自動車、つまり乗り物としての自動車だけに目を向けがちです。二〇世紀初頭に自動車が普及して、人間が遠くまで移動する利便性が飛躍的に向上した。一人ひとりが自動車を持つようになり、自動車生産は巨大な産業として経済を牽引するようになった、と。ここで頭のなかでイメージされているのは、車体としての自動車です。

しかしながら自動車社会は、単に車両としての車だけからできているわけではありません。それはきわ

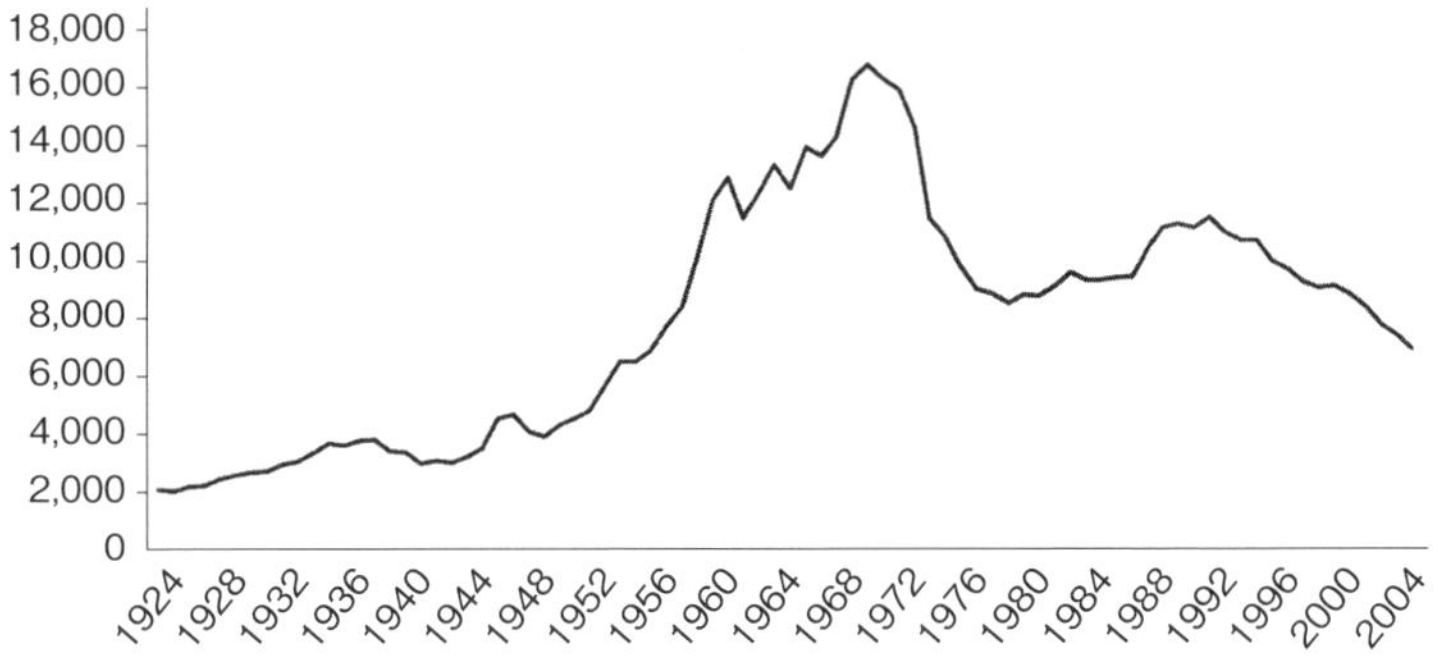

図１　道路交通事故による死亡者数の推移
（事故発生から24時間以内の死亡者数）

めて巨大な技術です。まず自動車が走るためには、道路がなければいけません。道路を整備して、その上を自動車が高速で走行できるように舗装しなければいけません。今、世界中のいたるところで、道路のほとんどが舗装されています。これは巨大な環境の改変と言ってもいい。さらに沿道にはガソリンスタンドを要所要所につくらなければいけない。そこに油田から石油を掘り起こして配備しなければいけない。自動車社会は上空の空気をも変えていきます。自動車が走ったあとには、空気中に排気ガスが出ていきます。それが大気汚染を引き起こす。自動車は単なる乗り物ではありません。私たちを包み込む環境全体をつくりかえる技術なのです。

今日はこのように、自動車社会というものを巨大な人工的な環境として見てみたいと思います。そしてそのような環境が生まれた歴史を振り返り、災害としての交通事故について考え直してみたいと思います。

もしかすると、交通事故は果たして災害といえるほど巨大なものなのだろうかという疑問もあるかもしれません。たしかに日本では、この一〇年ほどで交通事故の件数は減ってきています。とくに死亡者数は減っていて、この数年ほどは日本国内で年間三〇〇〇人ぐらいです。しかし、かつては年間一万人以上が交通事故で死亡していました。とくに今日話すように、一九五〇年代から六〇年代にかけて自動車社会が広まっていった時期には、交通事故が大きな災害として認識されていた時期がありました。図1は道路交通事故による死亡者数の推移のグラフです[1]。一九五〇年代初頭までは年間二〇〇〇〜四〇〇〇人程度で推移してきた死亡者数が、わずか一〇年ほどで一万人以上にまで急増したことが見て取れます。これは社会にとって災害と言っていいほど大きな変化だったのです。以下では、この時期の自動車社会の登場と、身の回りの環境の激変について見ていくことにします。

■高速度社会の環境史

それではまず、現在の自動車社会が生まれるまでの歴史を、環境史の長いスパンの視点から見てみましょう。

ヒトは、時速約四〜二〇キロメートルの速度で移動する動物です。歩く速度は、時速四キロメートルぐらい、走る速度はマラソンで約四〇キロメートルを二時間強で走るので、時速二〇キロメートル程度になります。これは動物としては比較的遅い速度になります。それを乗り越える方法として人類は、ヒト以外の動物を利用してきました。ウマは時速六〇キロメートル程度で移動する動物です。したがってウマに乗ったり、馬車を引いてもらうことで、ある程度は高速で移動することができるようになります。さらにヒトが運べないような大量の荷物も運搬することができます。このように動物の助けを借りる移動が、人類史のほとんどの期間を占めています。

それが大きく変わっていったのが、一八世紀以降のことです。その背景には二つの出来事があります。一つは車輪です。車輪の歴史の出発点を明確に確定することはできません。文字による記録より古くから利用されているからです。紀元前三〇〇〇年にはすでに車輪が利用されていたことが考古学的にわかっています。[2]それに加えて、一八世紀にはもう一つの発明、すなわち蒸気機関が登場します。もともとポンプとして発明された蒸気機関が、車輪と組み合わさったことによって、人類の速度が飛躍的にあがっていったのです。

蒸気機関を走らせるためには化石燃料が必要です。二〇世紀には石油がエネルギー源となっていきますが、一八世紀初めの段階では石炭です。これらの化石燃料は、何億年も前に地球上に生息していた植物やプランクトンが、空気中の二酸化炭素を固定して地下に埋めていったものの残骸です。いま人類は、それをもう一度掘り起こして燃焼させ、エネルギーを取り出しているのです。そこでは二酸化炭素が排出されるので、かつて植物がつくりかえた地球の大気を、ヒトはふたたび戻していることになります。このようにして生まれたのが高速度社会です。

自動車は蒸気機関の延長線上にある機械です。[3]その出発点は、蒸気機関の力でレールの上を車両が移動する鉄道にあります。同じように地上の道路を走れるようにしたのが、一八世紀半ばに生まれた蒸気自動車です。そのあと電気自動車も発明されますが、二〇世紀にはガソリンを動力源とする自動車が一般的になっていきます。さらによく知られているように、アメリカのヘンリー・フォードが自動車を大量生産するシステムをつくったことによって、それまでお金持ちのぜいたく品だった自動車が、大衆が利用する日常的な技術になっていきます。その結果、アメリカは一九二〇年代には社会全体に自動車が浸透していくモータリゼーションの時代に入ったのです。

一方、日本のほうを見てみましょう。[4] じつは日本でも自動車は、かなり早くから導入されています。明治末にはすでに自動車を乗り回す人たちがいました。皇族のような貴族階級の人々、もしくは資産家が自動車を輸入して、道路を走っています。それが一般の人々の移動の手段となったのが、乗合自動車、現在のバスです。最初に乗合自動車が登場したのは、一九〇三年の京都でした。多くても一〇人程度しか乗れないので現在のバスよりも小規模ですが、ともかく高速で走る機械が都市部では登場したことになります。大正に入って一九一二年ごろにはタクシーも登場します。こうして大正時代には、街を自動車が走っているのが普通の光景になったのです。

その結果として、自動車の速度制限をしなければいけないということで、取り締まりがはじまります。一九一九年の速度制限は時速約二六キロメートルです。[5] かなり遅いと思われるのではないでしょうか。これはなぜかというと、当時の道路は自動車以外のものであふれていました。人が引っ張る大八車、馬車による運搬、歩く人などです。つまり道路は、人間や動物でいっぱいで、そのなかを自動車がゆっくり走っていくという状況でした。[6] そのなかを高速で飛ばしていくのは危険なので、当時の制限速度はかなり遅いのです。

それでも交通事故は起こっています。一九二〇年代には大きな問題になり、交通安全を呼びかける運動が起こります。このときにはすでに交通事故は「災害」として認識されています。前回も話したように、一九三五年に出版された『防災科学』という全六巻の叢書がありますが、そのうちの一冊『諸災』のなかには「交通災害」の章が収録されています。[7] つまり東京をはじめとする大都市では、この時期には自動車は普通の光景となっていて、交通事故もかなり増えていたという状況にありました。こうして二〇世紀前半には、欧米でも日本でも、自動車が「環境」となっていたのです。

ただし、異なる点もありました。日本では、自動車のような高速の車が行き来するのは、歴史上、初めてのことだったのです。かつて京大の人文科学研究所にも所属していた梅棹忠夫という人類学者が、一九六〇年に建設中の名神高速道路について取材したエッセイがあります。[8] そのなかに人類史の観点から道路の歴史を振り返った考察があります。それによれば、欧米の道路と日本の道路は別物だというのです。欧米の道路は、自動車が普及するより前から、よく平らにならされて整備されてきました。なぜなら馬車の歴史を持っているからです。つまり自動車より前に、動物による高速度社会が達成されているのです。

それに対して日本の道路は、基本的に人が徒歩で移動するためのものです。江戸時代の旅行は、自分の足で歩くにせよ、かごに乗るにせよ、ヒトのスピードで移動することになります。江戸時代に日本に来た西洋人は、日本の街道はとてもきれいだと言っています。けれども車が通るように舗装されていたわけではないのです。そういった意味で、日本は自動車社会になって初めて高速度社会に直面したのです。それが一九二〇年代以降の状況でした。こうして生まれた新しい災害が、劇的に変わっていったのが一九五〇年代以降のことです。

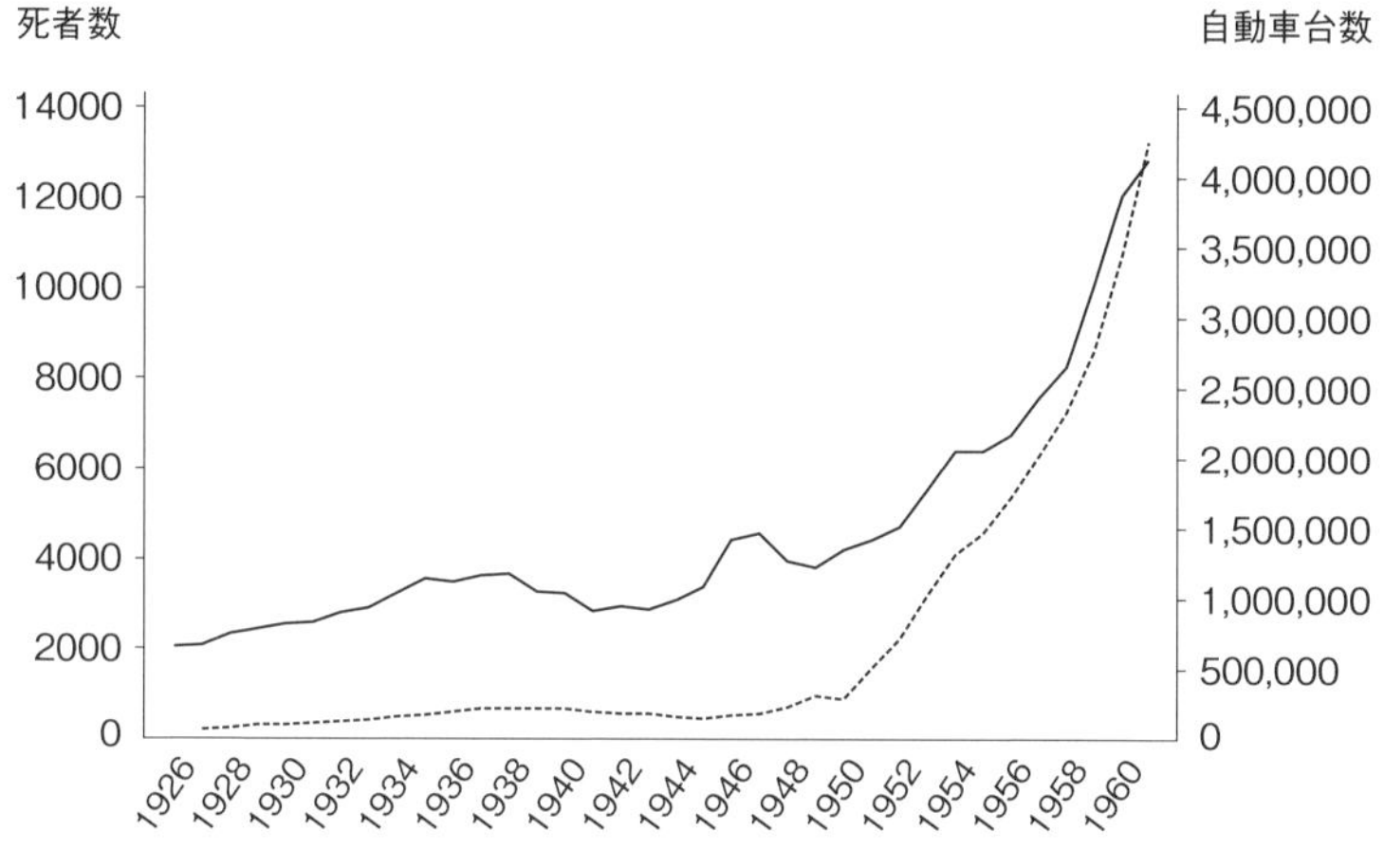

図2　自動車保有台数（点線）と交通事故による死者数（実線）の推移

■自動車社会の災害

それはどのような変化だったのでしょうか。まず、自動車の保有台数が劇的に増えていきます（図2点線）[9]。右軸が自動車の台数ですが、一九四〇年代後半まで、ほとんど変化していないことが見て取れます。それから一〇年ほどで、四五〇万台近くまで約一〇倍に増えています。つまりこの一〇年で、高速で移動する自動車が街中にあふれかえり、道路環境が激変したのです。

それとともに、交通事故も急激に増えていきます（図2実線）。一九四〇年代まで、交通事故による死者は年間二〇〇〇~四〇〇〇人でした。これでも大きな災害として当時の社会には認識されていたのですが、そのあとわずか一〇年で年間一万人を超えるような状況に達してしまいます。一九六一年には一万二〇〇〇人に達し、「交通戦争」という言葉が使われるようになります。この年の一二月に『読売新聞』が「交通戦争」という連載をはじめます。その記事によれば、もやは交通事故は戦争と同じ規模の災害になっているといいます。[10] 日清戦争の戦死者は、二年間に一万七〇〇〇人だったそうです。それと同規模の死者が、わずか一年で、毎年出ているのが交通事故だというのです。これは戦争と同じような社会的な損失であり、社会に大きなインパクトを与える災害であるという声があげられるようになります。

このような新しい環境は、そのなかを生きる人々にとっても大きな衝撃でした。一九六〇年代の文学作品を読むと、交通事故をテーマにしたものが少なくないことがわかります。その一つとして、梅崎春生の『狂い凧』（一九六三年）という小説を取り上げましょう。梅崎の作品としては、自身の戦争体験をもとにした小説がよく知られています。その一方で交通事故がテーマになるものも多く、『狂い凧』はその一つです。そこには次のような一節があります。

それはある私鉄と別の私鉄の駅間を結ぶ道路で、中央部が簡易舗装になっている。そこをバスや自動車やオート三輪が通る。舗装してない両側の砂利の部分を、人は歩くのだ。あたりはまだ開けてなく、ところどころに樹に囲まれた農家や、小規模な団地や、高圧線の塔があるだけで、おおむねは畠に占められていた。（中略）その女は、私よりも三十メートルほど先を、私と同方向に歩いていた。女が歩いていたのは、道の端の歩道ではなく、道からさらに凹んだ畠中の道であった。[11]

ここで描かれているのは、東京郊外の風景です。現在の道路とはだいぶ違っていることが見て取れます。

図3　道路で遊ぶ子どもたち（東京・荒川、1967年）

道路はかなり粗末です。中央部が自動車が通るために「簡易舗装」されていて、その両側の砂利道を人が歩いています。周りには田園風景が広がっていて、主人公の前を歩いている人は、歩道ではなく畑の中を歩いている。そのあと通りがかったトラックが道路標識をはね飛ばし、凧のように飛んだ標識がその人に当たってしまうという事故が起こります。

ここから見て取れるのは、このころの道路環境は、いまと比べてかなり劣悪だということです。まず歩道は砂利道で、歩行者と自動車が明確に分離されていません。自動車が登場するまでは、道路は人間が行き来するだけではなく、生活の場所でした。ご近所と世間話をしたり、子どもたちが地面に画を描いたりして遊ぶ場所だったのです（図3）[12]。そこに自動車があふれるようになると、人間はそれまでの生活様式を全面的に変えていかなければならなくなります。

もう一つ、当時の状況に恐怖を感じた作家の文章を見てみましょう。評論家の亀井勝一郎が一九五七年に新聞に掲載した「地獄編序曲」というエッセイです。

私は時々タクシーにのって警視庁の前を通るが、その時ひょいと例の交通事故の掲示をみることがある。昨日の死亡者は三名、重傷者は十八名、軽傷者は三十名などとかいてある。これが毎日つづいているわけだ。死の掲示板を見せつけられたようで薄気味わるくなる。（中略）水爆の実験が今後も繰り返されて、たとえば警視庁の前に、放射能の量が毎日掲示されたり、本日は外出禁止といった禁止信号が出るような時代が来たらどうだろうか。（中略）恐怖を無限に創造してゆくのが現代文明の宿命かもしれない。「天には放射能、地には交通事故、人には恐怖あれ」ということになったのか。[13]

ここで亀井は、交通事故の死傷者数の掲示を見て恐怖を感じるというのです（図4[14]）。それは当時、盛んに行われていた水爆実験と同じレベルの恐怖だと言います。現在から見ると、交通事故と水爆を重ね合わせるのは過剰反応のように見えるかもしれません。でも3・11以降に毎日の放射線の数値が公表されたときのことや、現在のコロナ禍でほとんど外出禁止となっているような状況を思い出すと、亀井の交通事故への恐怖が実感として伝わってくるのではないかと思います。次から次へと恐怖が増幅していくのが、「現代文明の宿命」ではないかと亀井は言っているのです。このように自動車という新しい環境は大きな災害をもたらし、当時の人たちは恐怖を感じていたのです。

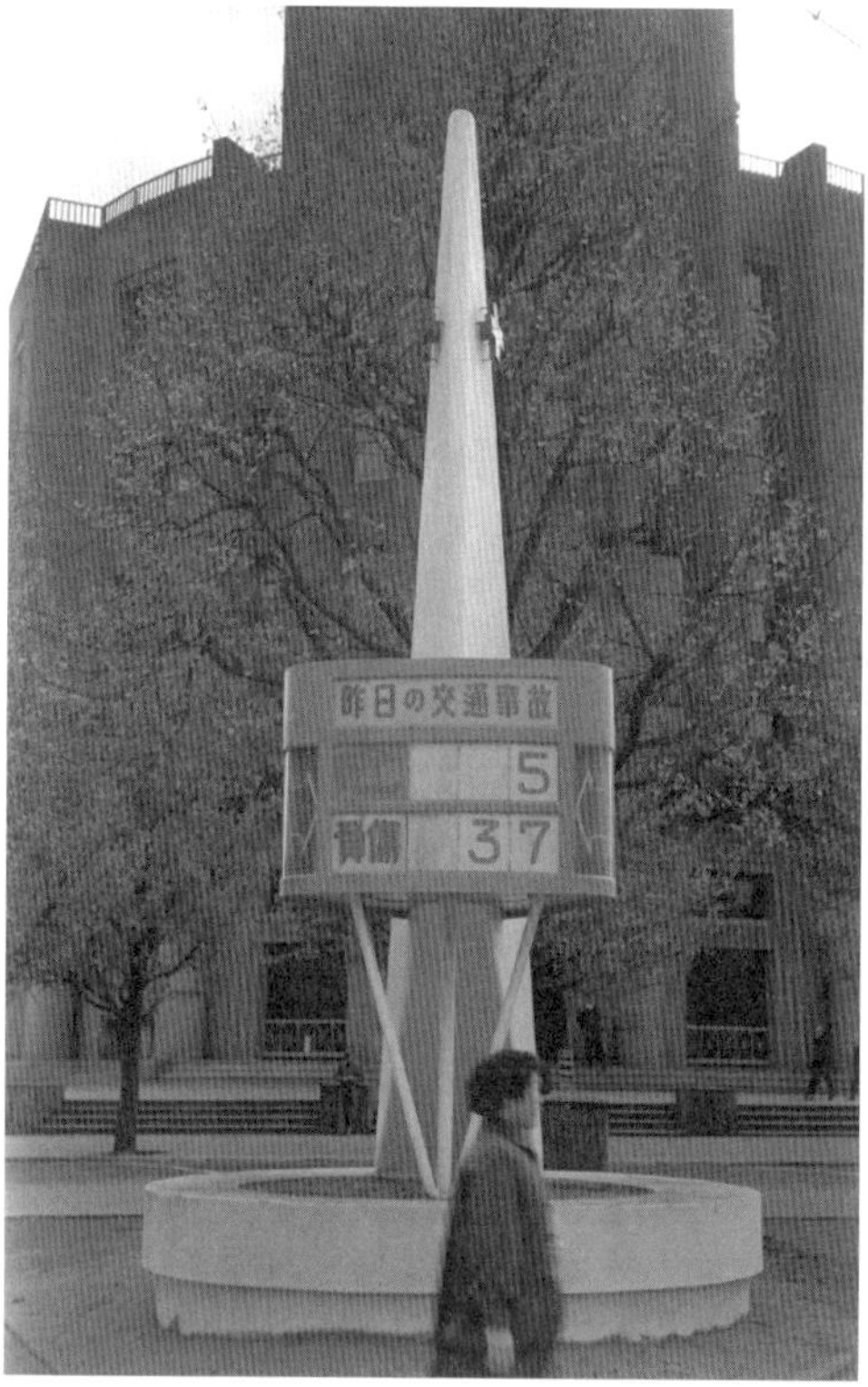

図 4　警視庁前の「昨日の交通事故」の掲示
（1955 年、毎日新聞社提供）

さらに自動車社会がもたらしたもう一つの災害としては、大気汚染があります。大気汚染そのものは、必ずしも自動車社会とともに生まれてきたものではありません。すでに一九二〇年代には、工場からの煤煙が問題になっています。煤煙とは、工場で石炭を燃料として使用したときに出てくる煤の微粒子が空気中に拡散したものです。とくに大正期から問題になった大阪では、大気中の煤煙の計測や規制がはじまっています。

自動車によって登場した新しいタイプの大気汚染が「スモッグ」です。これはスモーク（煙）とフォッグ（霧）を組み合わせた用語で、二〇世紀初めにロンドンで生まれた現象です。日本でスモッグが見られるようになった初期、一九五五年の新聞記事には次のようにあります。「東京にも〝スモッグ〟（煙霧）（中略）工場のエントツの煙や冬の暖房用ストーブの煙、また最近むやみに増えてきた自動車からの排気ガスがこの原因[15]」。このあと一九六〇年代を通して、自動車による大気汚染の問題が大きな社会問題になっていきます。ガソリン由来の一酸化炭素や硫黄酸化物、窒素酸化物などが大気中に放出され、都市の上空の空気がつくりかえられていきます。

それに対して、モニタリングの網が都市を包み込むようにかけられていく様子を次に見ていきましょう。

■モニタリングされる空気

ここまで自動車社会の成立によって、二つの環境の改変が問題になったことを見て来ました。一つが交通事故、もう一つが大気の改変です。それに対して科学技術は、どのように対応していったのでしょうか。

そこで登場したのがモニタリングです。この講義ではおなじみの概念になってきましたが、このあと環境全体がモニタリングの対象になっていきます。

まず大気汚染から見ていきましょう。[16] 自動車による大気汚染が問題になってから、とくに東京や大阪などの大都市では、空気の組成を測定する研究がはじめられるようになります。最初は人が分析機器を手にして測定していますが、自動的に測定する機器が整備されるようになります。街なかや幹線道路沿いに自動計測器が設置されて、つねに空気の状態がモニタリングされはじめます。ちょうどいまファクシミリでCOVID-19の感染者数を集計しているように、最初は測定値を電話連絡で集計していたそうです。でもそれではまったくデータ量に追いつかないということで伝送システムが構築されています。[17] さらに測定された大気汚染の状態が、電光掲示板などで自動的に社会にフィードバックされていきます。私はそのような掲示を見たことはないのですが、深刻な大気汚染を経験した都市には、最近まで残っていたものもあるようです。このように一九六〇年代には、私たちが呼吸する大気の状態が、つねに人々にフィードバックされる状況があったのです。

このようなモニタリングがすみやかに整備された背景には、それ以前にあった同じような経験を転用したということがあります。つまり空気が人工的に改変された場所がすでに存在していたのです。それは石炭を掘り出す炭鉱の穴のなかです。石炭は地表に露出したものを掘っていく露天掘りという採掘法もありますが、多くの場合、地下深くに穴を掘り下げることで取り出されています。そのようにしてできる穴を「炭坑」と言います。炭坑では、スコップやつるはしで石炭が掘り出されているようなイメージがあるかもしれません。しかし実際には一九世紀末以降の炭坑は、巨大な工場になっています。地下何キロメートルにも渡って、網の目のように巨大な坑を掘り進めていくのです。坑道にはレールが敷かれ、鉄道で労働者と石炭が運ばれます。

それだけ巨大な坑になると、そこで可燃性の物質が充満すれば、甚大な爆発へとつながってしまいます。日本では一八九〇年代以降、巨大な炭塵爆発がたびたび起こります。これは一回の爆発で数百人が死亡するほどの巨大な災害です。とくに大きかったのが、一九一八年に福岡県の方城《ほうじょう》炭鉱で起きた炭塵爆発で、八〇〇人以上が死亡しました[18]。このような炭塵爆発は、一九六〇年代まで頻発し、一九六三年には大牟田の三池炭鉱で五〇〇人近くの死者が出る事故が起こっています。このように炭坑内で、石炭の微粒子である炭塵が充満したり、採掘にともなってメタンガスが充満したりすると、しばしば爆発につながったのです。

炭塵やメタンを計測する機器は、二〇世紀前半から炭坑の各所に整備されていきます。さらに重要なのは、一酸化炭素濃度の測定です。炭坑で火災や爆発が起こったあと、不完全燃焼のため一酸化炭素が発生します。一酸化炭素は無色無臭の気体なので、一定の濃度を超えると、気づかないうちに意識を失って死亡してしまうことがあります。そこで一酸化炭素の濃度も炭坑内で計測するシステムが生まれてきます。さらに三池炭鉱での爆発事故以降、測定を自動化し、通信ネットワークを通して中央に情報を集約するシステムが確立していきます。

都市で大気を自動的にモニタリングするシステムが確立したのも、ほとんど同じ時期になります。つまり、化石燃料を掘り出している場所としての地下空間と、それを利用している地上空間が、同じような空間になっていくのです。一つは化石燃料由来の物質によって人工的に改変されていくということ。そして

表1　飲酒による交通事故件数（1961年）

	全交通事故	操縦者の飲酒による事故	歩行者その他の人の飲酒による事故
事故件数	493,693	18,264	613
死亡事故件数	12,250	1,067	30

もう一つは、それらの危険な物質をつねにモニタリングしていくということです。こうして一九六〇年代には、地下と地上の両方で空気をモニタリングするシステムが確立しました。[19]

もう一つ興味深いのは、ヒトの身体のなかの空気もモニタリングの対象になったということです。それは飲酒運転が問題になったからです。表1は、[20]一九六一年の飲酒による交通事故件数の統計です。飲酒による事故が非常に多いことがわかります。この年は年間一万二〇〇〇件以上の死亡事故が起こっています。そのうち飲酒が原因のものは一〇〇〇件以上なので、一〇パーセント弱ということになります。ほかに酒を飲んで道路に寝ている人などの事故も増えています。これは自動車という新たに生まれた環境と、飲酒という従来の文化的な習慣とのあいだにズレが生じてしまっているのです。高速の機械を人が運転するという状況は、人類史上初めての経験です。しかも免許さえ取れば、誰でも公道を走ることが可能になります。その一方で、寄り合いなどでお酒を飲むのは古くからの習慣なので、酒を飲んで運転してしまう人も出てきます。そこで飲酒に対して何らかの規制をしなければならなくなってきます。

もちろん、酩酊状態で運転してはいけないという規制そのものは、自動車が生まれた大正時代からありました。けれども一九六〇年代になると、科学的な線引きをもとに規制が行われていきます。大気汚染と同じように、ヒトの肺のなかの空気もまた、安全と危険の境界線が引かれていくことになるのです。まず、「酒気帯び運転」という状態が、呼気中のアルコール濃度で定義されます。一九二〇年代以降の生理学研究によって、血液中のアルコール濃度と呼気中のアルコール濃度は相関していることが明らかになりました。さらに、アルコール濃度が一定以上になると事故を起こす確率が高くなることが統計的な調査からわかってきたので、基準値が設定されたのです。一九六〇年には呼気中アルコール〇・二五ミリグラムパーリットル以上を「酒気帯び運転」として、事故を起こした場合には厳しい罰則が加えられるようになります。さらに一九七〇年からは、酒気帯び運転をしているだけで罰則の対象となります。こうして酒を身体に入れた状態で運転することはできなくなり、各所でヒトの呼気中のアルコール濃度が測定されるようになったのです[21]。

ここでふたたび炭坑のテクノロジーが登場してきます。呼気中のアルコール濃度を測定する機器は、アメリカでは一九三〇年代から開発されています。ドランコメーターという、風船に吹き込んだ息の気体組成を分析する機器です。それに対して日本では、炭坑で利用されていた一酸化炭素の検知管を転用したアルコール濃度測定器が開発されます。同様の検知管は、イギリスなどでも利用されていますが、日本では一九六〇年代から現在にいたるまで長いあいだ使われつづけています[22]。

ここまで自動車社会がもたらした空気のモニタリングについて見てきました。管理の対象となったのは空気だけではありません。最後に、高速度社会が街で生活している人間全体をつくりかえていったことを見ておきましょう。

人類が経験したことのない高速度社会が生まれると、私たちはきわめて危険な環境のなかで生き延びなければならなくなりました。とくに危険にさらされたのは子どもです。経済学者の宇沢弘文さんは、『自動車の社会的費用』（一九七四年）という有名な本で、自動車が社会に大きな負担を強いていることを告発しました。そのなかで宇沢さんは、子どもたちが生活スタイルを変えざるを得なくなっていることを指摘しています。

都市と農村とを問わず、子どもたちにとって、自動車を避けるという技術を身につけることが、生きてゆくためにまず必要となってくる。これまで貴重な遊び場だった街路は自動車によって占有され、代替的な遊び場もない。学校でも家庭でも、自動車に注意するようにまず最初にしつけられる。[23]

ここで指摘されているのは、子どもたちが、自動車が高速で走り回るような社会を生き延びるための生活スタイルを内面化することを強いられているということです。これはいまでいうところの「新しい生活様式」です。大人は内面化しているのであまり気づきませんが、お子さんをお持ちの方はわかるように、幼稚園児や小学生にとって道路の歩き方を身につけることは簡単ではありません。現在の歩道と車道が分離されている社会であっても、道路は幼児にとって危険に満ちています。ましてや一九六〇年代の子どもたちにとって、新しい生活スタイルを身につけることは、まさに生存にかかわることだったのです。

まとめ

それではここまでの話をまとめたいと思います。

まず自動車社会を環境史の視点から考えると、人類が歴史上経験したことのない高速度社会に突入したことを意味しています。人類は地下にある化石燃料を掘り起こし、爆発的に燃焼させることによってエネルギーを得るようになりました。自動車は、そのエネルギーを使って高速で移動する機械です。その結果、二つの災害がもたらされました。一つは大気汚染、もう一つは交通事故です。そこでそれぞれに対して科学技術の監視の網がかけられていきます。大気をモニタリングし、ヒトをモニタリングする。さらに人間の行動様式をも変えていく。こうして自動車社会は、災害に対応していこうとしたのです。毎年、一万人もの人々を死亡させる交通事故は巨大な災害ですが、それは気づいたときにはもう身の回りにせまっていたのです。つまり事前に予測して対応したわけではありません。毎年多数の死者が出ていることがわかってから、事後的にモニタリングや規制が整備されることによって、私たちの社会のなかに災害が吸収されていったのです。

結果として、地上は地下と同じような空間になっていきます。炭坑の底と同じように空気が変えられる。眼の前を高速で車両が行き来する。危険にあふれた世界になる。このような炭坑の地下の世界が地上にももたらされたのが、二〇世紀の自動車社会だったのです。さらにモニタリングの科学技術も、地下と地上の両方に整備されていきます。そこでは同一のテクノロジーが、空間全体を監視するようになるのです。このように地上が地下世界となったというのが、今日の私の話のポイントでした。地上と地下は、二つの意味で同一の空間です。一つは化石燃料の燃焼によって環境が人工化されているという意味。もう一つはモニタリングの科学技術が空間全体を網羅しているという意味です。

このような二重の科学技術でつくられてきた世界が現在どうなっているのか、最後に見てみましょう。じつは大気のモニタリングは、現在でも続いています。こんにちの日本では、大気汚染はあまり大きな社会問題になることがないので、ほとんど知られていないと思いますが、いまでも都市部や主要道路の周辺では空気のモニタリングが行われています。環境省のホームページを見ると、毎日の測定値をチェックすることができます。「そらまめくん」という、その名の通り空をまめにチェックしてくれているホームページです。[24]私たちはほとんど気づくこともなく、モニタリングの網のなかを生きているのです。

交通事故についてはどうでしょうか。この五〇年で交通事故は、さまざまな要因で徐々に減少してきました。かつては年間一万二〇〇〇人の死者が出ていたのが、現在では年間三〇〇〇人程度になっています。かつて亀井勝一郎が衝撃を受けた死亡者数の掲示は、いまでも交番の前などで目にすることができます。でもいまではこれは日常の風景になっていて、恐怖を感じたり考えてしまうような人はあまりいないはずです。けれども、かなり数は減少したとは言え、交通事故という禍《わざわい》そのものは、現在でも続いているのです。これは一人ひとりにとっては、依然として大きな禍であるはずです。しかし社会全体の災害としてはほとんど注目されることもなく、日常のなかに埋め込まれています。

ここから現在のコロナ禍のことを考えてみましょう。コロナ禍では、感染者数や死者数が毎日報道され、大きな不安が広がっています。毎日の死者数の報道が出るたびに私が思い出したのは、交通事故のことでした。交通事故でも毎日どこかで何人かが亡くなっているのです。コロナ禍もこれからどのような状況になるのかわかりませんが、もしずっと続いたとしたら、何らかのかたちで日常に埋め込まれざるを得ないだろうと思います。ずっとモニタリングを続けながら、日常的な病としてつき合っていくことになるでしょう。そのとき、私たちがいま感じている不安は、交通事故と同じように忘れ去られてしまうのでしょうか。

最後は問いを投げかけるかたちになりましたが、以上で今日の講義を終わります。どうもありがとうございました。

質疑応答

「当時、排気ガスの危険性は、どこまで把握されていたのだろう？　悪影響が出てきて初めて対処しはじめたのだろうか？」

これは一九五〇年代には把握されています。というのは、やはり炭坑での経験でどのような気体が人体に悪影響を及ぼすのかわかっているので、すぐに対応する専門家が登場してきます。彼らの多くは、労働環境における健康を研究してきた労働科学という分野の専門家たちです。彼らは戦前から、炭坑をはじめとして空気が悪い環境の研究を進めていました。

たとえば、印刷所の植字工の労働環境などが研究されています。当時の印刷所では、活字の金属粉が空気中に舞っている状況だったので、労働者の健康が問題になっていたのです。なので自動車による空気の汚染が突然、気づかれないままに起こったわけではありません。労働科学者のほかには気象学者も重要な役割を果たしました。これらの科学者たちは戦前から大気中の煤煙を測定していて、彼らが戦後の排気ガス汚染の研究に移っていきます。[25]

「自動車災害対策が地上の炭坑化とすれば、COVID-19対策は世界の何化と表現できるのでしょうか。」

これは面白い質問なので、少し考えてみたいと思います。地球上の生物の境界線がなくなっている状況ではあると思います。ヒトと動物の境界が低くなって、容易にウイルスをやり取りしてしまうような、生物が共存する世界です。もっといい言葉があるかもしれませんが、ミックス化されたような状況があって、そこからCOVID-19がもたらされているということは言えると思います。

「モニタリング結果の公表は、単なる事実の告知ではなく、自己管理あるいはコミュニティによる監視の促進の意味を持っているわけですから、日常化は災害に対する責任主体の変化としても捉えるべき現象ではないでしょうか?」

そうですね。モニタリング結果がつねに人々にフィードバックされているということが重要です。そうなると一人ひとりが監視する主体になります。人々は監視される対象であると同時に、その結果をもとに行動しなければならなくなります。つまり感染者数が増えているから外出を自粛しようというような判断をしなければならなくなります。

情報を受け取る人々の側から見ると、情報をもとに主体的判断をしているといえるかもしれませんが、システム全体から見ると、情報を流通させることによって、より円滑にシステムを動かしていくという効果があります。となると、判断の主体がどこにあるのかは、じつはよくわからなくなってきます。一人ひとりが主体的に判断しているようでも、情報に否応なく巻き込まれていく状況になっていきます。となると、科学技術を利用している主体は、いったい何者なのだろうという重要な問題につながってきます[26]。

「事故と災害の違いは規模だけでしょうか？」

災害の定義の問題になりますが、社会が大きなインパクトを受けるような被害をこうむると災害になってきます。ですから、インパクトを吸収するようなシステムが確立すればするほど、じつは災害は災害ではなくなっていきます。一人ひとりにとっては禍であっても、災害ではなくなっていきます。このような意味で、科学技術社会は災害を吸収してしまうシステムを持っています。そしてそれは果たしてすばらしいことなのだろうかというのが、この講義全体で私が考えていることです。もちろんそれは避けられないことですが、禍が災害でなくなることの意味を考えることは、人文学の一つの主題だと思います。

「交通事故が災害とすると、発生予測をつねに行う技術は開発されないでしょうか。天気予報のように。」

シミュレーションにもとづく予測は、見たことがありません。もしかしたらあるのかもしれません。ただ公衆衛生の観点から交通事故に言及したものはいくつかありますが、そこでは次の年の交通事故の発生件数はおおよそ予測できるとあります。これは統計的に急に激減することがないからです。これは天気予報や害虫の発生予測で使われるシミュレーションとは違うものだと思います。交通事故の場合には、監視してデータを取って統計を取るという、古典的な技術が現在でも使われているようです。受講生の方から、「カーナビなどで交通事故の多発地域ですという警告は出るようになっていますよね。」というコメントがありますね。

「利便性を追求してきた現在、移動や情報入手などにおいて自由を手にしている気がするけど、そういう個人の行動も事実上どこかからの監視は可能で、人はある意味すべて「モニタリングの対象」なのではないか。それは自由と呼べるのか?」

これは児玉さんのテーマになると思いますが、プライバシーの問題も絡んできます。[27] とくにいまの

COVID-19 の場合には、プライバシーを犠牲にして人々を管理するというやり方もありえるでしょう。そのような社会のあり方を考えていくことも重要だろうと思います。今日話したように、自動車社会は人々を監視する社会でもあります。でもまだ警察官が飲酒取り締まりをするように、昔ながらのやり方で管理されています。それが監視カメラなどのテクノロジーで管理されるようになったとき、どう考えればよいのか。それは COVID-19 への対処も含めて、科学技術社会を考える上で重要なテーマだと思います。

「モニタリングの結果を、政府や科学者が取捨選択して社会に公開するなど、高度な技術を使ったモニタリングには、政治利用される恐れがあると思います。ショックドクトリンも、災害の政治利用を言い当てた言葉ですが、そのあたりの研究も災害の歴史でされているのでしょうか。」

もちろん科学のなかに入り込む政治性という問題もあると思います。とくにモニタリングの結果を解釈して、避けるべきリスクかどうかを決めるときには、政治的な判断が入ってきます。この境界線は科学だけでは決められない問題なので、どのように境界を決めていくのかは、政治と科学の関係の問題になってくると思います。

第五講　科学技術社会における「災害」

2020年8月1日

今日は最終講ということで、全体を振り返って、この講義で何を考えてきたのか、深めていきたいと思います。

初めにこれまでの講義を振り返ってみましょう。まず第一講「「コロナ禍」とは何か」では、今、私たちが直面しているコロナ禍という災害について考えました。ここで注目したのは、感染者を可能な限り検出したうえで、数理モデルにもとづいて予測しているという点です。私たちはモニタリングされながら、シミュレーションにもとづく未来の予測にもとづいて行動せざるを得ません。これは感染症対策にとって新しい特徴であるという話をしました。

第二講は「3・11」という災害について振り返りました。津波、地震災害と放射線災害においてもやはり、モニタリングとシミュレーションのテクノロジーが作動しています。3・11においてもコロナ禍においても、私たちは科学技術によってモニタリングされた世界のなかを生きているのです。

第三講と第四講は、歴史をさかのぼって二つのテーマについて話しました。第三講は「害虫の環境史」です。「害虫」という生物は、病気と同じように、人工的な環境がつくりだされることによって増殖してきた生物です。それに対して近代世界は、化学殺虫剤などを使って徹底的に排除しようとします。しかし一九六〇年代以降、『沈黙の春』の告発のあと、害虫と共存することを前提にするIPMが登場してきます。それはモニタリングして観察しながら、監視しながら害虫とつき合っていくというやり方です。ここでは第一講、第二講で見たモニタリングのテクノロジーと同じものが作動していることを見てきました。

前回は「交通事故の環境史」でした。これはまさに人工的な環境がつくりだす災害ですが、現代においてはそれほど深刻に考えられていません。もちろん年間何千人も日本国内で死亡しているし、世界で見れば何万人も死亡しているにもかかわらず、交通事故は日常に埋め込まれた災害になっています。それは過去数十年で処理の方法がかなり蓄積されてきた結果として、日常生活のなかでつき合っていく災害になってしまっているのです。

今回は全体のまとめとして、「科学技術社会における「災害」」というテーマで話します。過去四回の講義から、コロナ禍の位置づけがはっきりと見えてきたと思います。感染症に対して、未来をシミュレーションして政策に投げ込むというやり方は新しく、きわめて実験的なことをやっていると言えます。ただ同時に、このようなことは、災害全般から見ると必ずしも新しいことではありません。災害は、ヒトが新しい人工的な環境をつくりだすことによって生じてきます。そこでつくりかえた環境をつねに監視しながら、災害を予測しつつ生きていくという状況は、これまでいろいろな事例で見られました。原子力や害虫、交通事故などの事例から明らかなように、人間は自らつくりかえた環境のなかで、新しい災害とつき合いながら生きているのです。そういった意味では、コロナ禍という災害は、新しいと同時に繰り返されてきた現象であるとも言えます。このような私たちが生きる世界について、もう少し深めて考えることが今日のテーマになります。

初回の講義のイントロダクションでは、この「「災害」の環境史」で何を目指しているのか話しました（本書三・四頁参照）。まず第一は、「科学技術」がつくる人間と自然の関係について考えるということです。第二に、そこで見えてきた人間と自然の関係を踏まえて、「災害」という概念を再検討するということです。そして第三に、「災害」を再考することを通じて、私たちが今生きている科学技術社会とはどのような世界なのか、少し通常とは違った視点から考えてみたいということが、この講義の目標でした。

以下ではまず、第二の「災害」概念から出発し、そのうえで第一の問題、科学技術がつくる環境はどういうものなのか考えていきたいと思います。そして最後に「わざわい」とは何かという根元的な問いについて考えて、まとめとしたいと思います。

■「災害」概念を問いなおす

それではまず「災害」概念について考え直してみましょう。第一回の講義で示したように、『広辞苑』の「災害」の項目には次のようにあります。

【災害】異常な自然現象や人為的原因によって、人間の社会生活や人命に受ける被害。[1]

第一回の繰り返しになりますが、確認しておきましょう。ここには二つの現象が入っています。一つは「異常な自然現象」による被害、もう一つは「人為的原因」によるものです。これは、それぞれ「天災」と「人災」に、分けて考えることができます。「天災」としては、この講義であつかったものとしては、地震、津波や気象災害、さらには害虫も含まれるでしょう。病気はあまり災害に入れられることはありませんが、病気を災害の一つとして考えるならば天災の一つになるでしょう。それに対して「人災」とは、人工物によってつくりだされる災害です。この講義であつかったものとしては、原発事故や交通事故が人災になります。

しかし、この講義を通して考えてみると、そもそも「天災」「人災」という区別がはっきりとは分けられない、曖昧なものであることがわかってきます。

まず「天災」から見ていきましょう。この講義で何度も見てきたように、「天災」とは、じつは人間の営みのなかから生まれるものです。人工的な空間、人間がつくりだした空間が拡大することによって、新たにトラブルの種が生まれてくるのが「天災」です。これは人間にとってのトラブルであって、トラブルの源であるウイルスや昆虫は別に災害を引き起こそうという意図があるわけではなく、単に新しい環境のなかで増殖しているだけです。病気の場合には、都市のような人間が密集した空間がつくりあげられることで、より重篤な病原体が進化しやすくなります。農業の場合には、人間が密集して農作物をつくることで、その環境に適応した生物として害虫が生まれます。このように病気や害虫は、人間がつくりだした災害であることが、この講義をとおして理解できたと思います。

その一方で、地震、津波、気象災害のような、地球の変化によって引き起こされる災害は、「自然」という外部からやってくる「天災」と考えていいのではと思われるかもしれません。けれども、じつはこれらの災害も、やはり人間の側がつくった環境が大きな要因になっています。それを指摘しているのが、一九三四年に寺田寅彦が書いた「天災と国防」という短いエッセイです。寺田は有名な物理学者ですが、防災にかかわるエッセイもたくさん書いています。そのほとんどが一九三〇年代に書かれていて、この時期は「災害」が社会問題になった時期であることがわかります。ともあれ寺田のエッセイに戻ると、そこでは「天災」とは何だろうかと問いかけています。

寺田は、天災とは文明が生み出したものにほかならないと言います。人類がまだ洞窟で生活していたころには、暴風や地震が来ても、それほど問題にはならなかったでしょう。けれども人類は、建築物をつくって自らにとって快適な環境をつくろうとしました。さらに現代文明は、さまざまな高層建築を建ち上げています。このように重力に逆らって建物を造ったことによって、災害が生まれているのだと寺田は言います。あるいは堤防というものがあります。堤防はもちろん河川の洪水を防ぐためにあります。しかし、堤防を高くすれば高くするほど、もし堤防が決壊したときの被害は甚大になっていきます。寺田は次のように言います。

> 文明が進むに従って人間は次第に自然を征服しようとする野心を生じた。そうして、重力に逆らい、風圧水力に抗するようないろいろの造営物を作った。そうしてあっぱれ自然の暴威を封じ込めたつもりになっていると、どうかした拍子に檻を破った猛獣の大群のように、自然があばれ出して高楼を倒壊せしめ堤防を崩壊させて人命を危うくし財産を滅ぼす。（中略）災害の運動エネルギーとなるべき位置エネルギーを蓄積させ、いやが上にも災害を大きくするように努力しているものはたれあろう文明人そのものなのである。[2]

建築物や堤防を構築し、人工的な都市を充実させたことこそが、天災をもたらしているのです。このような意味で、天災とはすべて人工的なものとも言えます。

さらに現代の科学技術社会における天災には、もう一つの意味で人工的な側面があります。それがこの講義で繰り返し見てきたモニタリングです。寺田のエッセイでは、続いて天災を防ぐために観測網を充実させなければいけないということが言われています。この当時は気象観測は、陸上に設置された測候所で行うものでした。それに対して寺田は、日本海や太平洋上に「浮き観測所」を設けるべきで、それは「五十年百年の後にはおそらく常識的になるべき種類のことではないか」と述べています[3]。実際に現在では、地球上のあらゆる地点でモニタリングが行われています。寺田は物理学者として知られていますが、じつは地球科学者でもありました。海洋観測を行ったり、その重要性を論じたりしています。さらに現在では、人工衛星から地球上のすべての空間が観測されています。現在の地球は、その全体がモニタリングという科学技術で包み込まれているのです。

このような科学技術は、地球だけではなく、生物に対しても向けられています。生物のなかでもっともよく観測されているのがヒトです。ヒトは個体数がある程度はっきりわかっている唯一の生物です。そのほかの生物は、個体数を推測するということ自体が非常に難しいので、概数で大体これくらいということしかわかりません。その一方で、きわめて詳細にモニタリングされているのは生物の遺伝情報です。現在では、多くの生物の遺伝情報がデータベース化され、どこからでもアクセスできるような状態になっています。もちろんヒトの遺伝情報もすべてデータ化されています。現在流行している新型コロナウイルスの場合にも、つねに遺伝情報が分析されていて、どのように系統が分かれているのかすぐにわかるようになっています[4]。このように地球と生物はあらゆるところでモニタリングされ、科学技術の網のなかに組み込まれているのです。

そういった意味で、あらゆる天災は、科学技術に包み込まれています。「天災」とは外部から突然やってくるものではなく、事前に科学技術の網にキャッチされながら、人間や人工物に襲いかかってくるものなのです。

それでは「人災」についても考えてみましょう。人災というものは、人間の過失や不注意によって人工物が引き起こす災害であるというイメージがあります。けれども人工物があまりに巨大なものになってくると、そこには環境としての側面が見られるようになってきます。現在の人間は、巨大な人工物に囲まれて生きています。もっとも原初的なものとしては、私たちは家屋という人工物に囲まれて生きています。さらに建築物が集合して都市となり、道路網や鉄道網が都市のあいだをつなぎ、その上を人間や物資がひっきりなしに移動しています。さらにそこにはエネルギーが投入されています。電力網が地上にはりめぐらされ、海には海底ケーブルが設置され、上空では電波を介して情報が行き来しています。現在では、人工物はほとんど地球を包み込むようなかたちでつくりあげられているのです。

このように複雑に組み合わされた人工物は、しばしば思ったようには動いてくれません。技術というものは、パソコンやスマホのような小さなものでもうまく動かないことが少なくありません。ましてや巨大な技術になると、予想もしなかったようなことがしばしば起こります。それは巨大な災害へとつながってしまうこともあります。そのような災害が最初に起こったときには、甚大な被害をもたらし、人びとに大きな驚きをもって受け止められます。けれども、これが繰り返されると、災害に対処する技術が社会のなかに蓄積していきます。何らかの事故が起こったときに、どのように避難するか、どれだけの賠償を行うかといった社会的な制度が整備されていきます。ここで人間の社会は技術をコントロールしているのではなく、逆に技術に引っ張られて社会制度がつくられています。このようにして、人工物が引き起こす災害は、私たちの社会のなかに日常茶飯事のものとして組み込まれていきます。数十年おきにしか起こらないような巨大な原発事故でさえ、何度も繰り返されれば日常の一コマに落ち着いてしまうはずです。

こうして見ると、「災害」とは外部の自然から突然来襲するものではない、あるいは人間の不注意によって思ってもいなかったことが起こるというわけではないことがわかります。むしろ現代においては、災害は環境が引き起こすものになっています。しかもこのような環境は、ヒトが長い歴史を通じてつくりだしたものです。さらにこの一〇〇年ほどで、ヒトという種が人工的な空間をつくりあげたことによって、初めて災害がもたらされるのです。一〇〇年前にも科学技術によるモニタリングははじまってはいますが、予測できる分野は気象災害など一部に限られていました。そういった意味で、一〇〇年前のスペイン・インフルエンザと現代のコロナ禍とのあいだには大きな距離があります。現在の災害は、科学技術の網に捕捉され、予測されながら襲来するものなのです。

■ 科学技術社会を生きる

さて、このような世界を生きるということは、どういうことなのでしょうか。そのなかで人間は、いかなる存在なのでしょうか。これがおそらく、人文学にとってもっとも重要な問いになるはずです。

まず、私たちが生きている「科学技術社会」とはどのようなものなのでしょうか。この用語は、一般的な言葉としても、科学技術が発達した社会という意味で使われています。ただ私はもう少し限定して、科学技術と社会が一体化して環境をつくりあげているような世界のことを「科学技術社会」と呼びたいと思います。そこでは三つの科学技術が複合して、私たちの環境をつくりあげています。それは①自然に介入する科学技術、②自然とヒトを監視する科学技術、③自然から離脱する科学技術です。

一つずつ見ていきましょう。まず第一に、自然に介入してそこから何か生産していく科学技術です。たとえばウランを掘り起こして、核燃料をつくってエネルギーを生産する。あるいは石油や石炭を掘り起こして、化石燃料としてエネルギー源とする。鉱山から鉱石を掘り起こし、金属を精錬して工業製品を生産する。一般に科学技術というと、身の回りにある工業製品やイノベーションというイメージがあります。ここでは自然に介入して、人工物をつくりだすことこそが科学技術だと考えられていることになります。

しかし、ものづくりだけが科学技術というわけではありません。生産だけに注目すると、科学技術社会の全体像が見失われてしまいます。私が3・11以降に考えるようになったのは、科学技術の第二の側面がきわめて重要だということです。それは「監視」のテクノロジーです。これはつねに自然を監視したり、もしくは人間自身を監視したりすることによって、世界の安定性をつくっていくテクノロジーです。現在の地球の大気の状態、地殻の状態、海洋の状態はつねに監視され、台風や地震のような災害をもたらす現象が起きないかシミュレーションされています。

一方、自然に介入するテクノロジーもまた、大きな攪乱をもたらすことがあります。新しい人工物をつくりだすことで、しばしば大きな災害が引き起こされます。新しい化学物質によって生物や人間に悪影響がおよんだり、あるいは巨大な事故が起こったりします。そこで導入されたのが人工物を監視するテクノロジーです。とくに危険な人工化学物質や放射性物質については、厳格に規制されなければなりません。そしてもし自然界に放出されてしまったら、監視して今後のリスクをシミュレーションすることになります。これは非常に重要なテクノロジーで、このような監視のテクノロジーがあることによって、じつは私たちの社会が維持されているのです。

さらに三つ目として、自然から離脱して人工的な空間をつくりあげていく科学技術があります。これは人類の歴史上、きわめて初期から存在する技術です。たとえば屋根と壁をつくって風雨を避ける。自然とのあいだに境界をつくって、人工的な空間をつくるということです。さらにこうしてつくられた空間のなかでエアコンを稼働させ、過ごしやすい生活空間を構築していきます。あるいは住宅地と河川とのあいだに堤防をつくる。海と街とのあいだには防潮堤をつくる。このようにして自然から切り離された人工空間をつくることによって、自然の側からの侵入を防いでいるのです。

このように現代の科学技術社会は、自然に介入して人工物をつくっていくだけではなく、監視のテクノロジーと人工空間をつくるテクノロジーによって、私たちが日常を過ごす安定した空間をつくる機能を持っていることがわかります。

前回の講義で、このような世界は「炭坑化」というキーワードで特徴づけられると言いました。それは地下と地上が逆転したような世界です。人類は、炭鉱や鉱山のような地下空間を掘り進め、そこから化石燃料や金属を掘り起こしてきました。私たちの身の回りにあるものを見ると、ほとんどが地下由来のものだと気づきます。金属はもちろん、プラスチックも石油由来なので、地下からくみあげられたものです。あるいはコンクリートもそうです。私たちは地下の物質を地上に引きあげて、積み上げた構造物のなかで生活しているのです。SFなどでよく未来の地底人が描かれることがありますが、じつは現代人は地下の空間を反転させて地上に組み直し、そのなかを生きているのです。

「炭坑化」とは我ながら面白いことを考えたなと思っていたのですが、探してみると二〇世紀前半に同じようなことを言っている人が見つかりました。ルイス・マンフォードという二〇世紀を代表する技術文明論者です。彼は一九三四年に出した『技術と文明』という著作のなかで、現代の科学技術文明はかつての鉱山のようなものになっていると言います[5]。マンフォードによれば、鉱山は単に地下から有益なものを掘り起こしている場所ではありません。鉱山では地下に人工的な環境がつくりだされているとマンフォードは言います。アグリコラというドイツの技術者が、『デ・レ・メタリカ』という本を一六世紀に書いています。これは西洋で初めての鉱山技術書とされています。この本の挿絵を見ると、地下の環境が技術の力でつくられていることがわかります。ポンプで水を汲み上げ、換気して空気を入れかえ、暗闇を明かりで照らして、人工的な環境がつくりあげられています（図1）[6]。このような環境が、現代社会のモデルになっているとマンフォードは言います。現代社会、とりわけ都市は、自然の空間から離脱した人工的な空間をつくりだしている。空間だけではなく、時間も人工化していきます。マンフォードによれば、鉱山は二四時間労働が行われた最初の場所です。地下世界は昼と夜の区別がないので、人工的な明かりのもとで二四時間つねに採掘が行われています。現代の科学技術社会に生きる私たちは、夜中でも人工的な照明のもとでメールを打ちつづけています。私たちは二四時間、技術的につくりあげられた空間のなかを生きているのです[7]。

となると、そのような世界のなかで生きる人間とはどのような存在なのでしょうか。これはおそらくもっとも重要な問いなので、みなさんもそれぞれ考えてみていただければと思います。私の考えでは、科学技術社会を生きるとは次のようなことです。

まず科学技術社会においては、外部世界というものが消え去ってしまいます。かつて「自然」とは外部

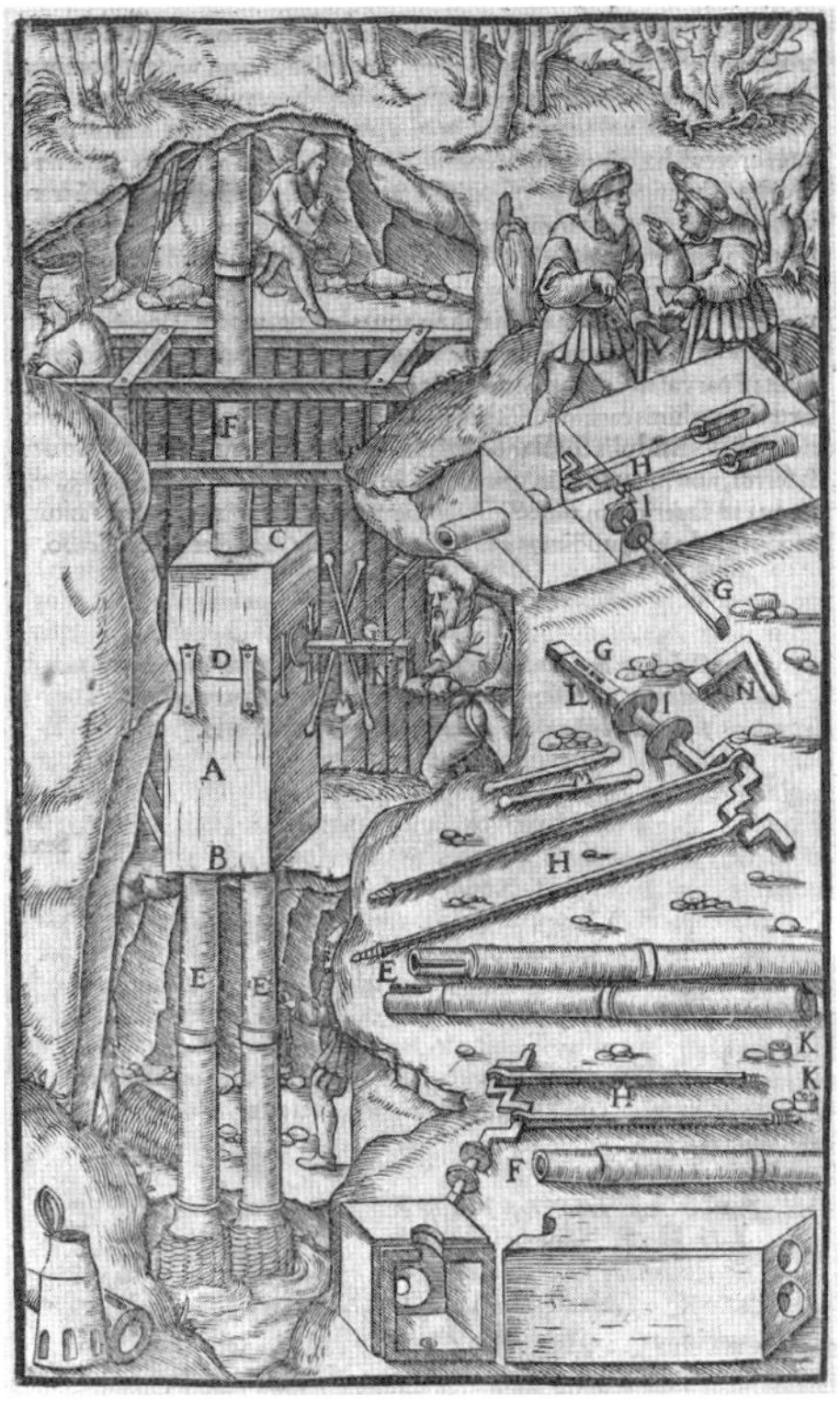

図１　アグリコラ『デ・レ・メタリカ』（1556年）

にある世界であって、そこに出かけていって新しい生物を発見したり、有用な鉱物を探し出したりする冒険の場所だったのです。「自然」は探検の場所であると同時に、自然に介入して改変し、新しい人工物を生産する場所でもありました。このような時代には、戦う「敵」も外部の自然からやってきます。病気と戦うために抗生物質を開発する。害虫と戦うために殺虫剤を開発する。ここでは自然と戦うために科学技術が利用されてきたのです。

けれども現在の科学技術は、もはやそのようなものではありません。あらゆる自然空間は監視されています。そういった意味で、自然は人工化されているのです。現代の私たちは、つねにモニタリングされ、データ化された自然とつき合っています。もはや戦うべき「敵」は外部にはいません。今、新型コロナウイルスとの「戦争」が政治家たちによって叫ばれていますが、実際にはコロナは、外から来る「敵」ではありません。現代の災害とは、人間の社会の内部からどんどんわいてくるような存在になっています。このような科学技術社会のなかで、私たちは生きることをしいられています。

それは災害と隣り合わせの世界です。つねにどこからか新しい災害がわいてきて、新しいリスクと向き合わなければならない、そのような不安と隣り合わせで生きていかざるを得ない世界です。そこではつねにいたるところで、監視の科学技術が配備されています。それは自然に対しても配置されているし、私たちは喜んで自分自身をも監視します。自分の健康状態や体温、健康診断の数値を自覚するといったように、つねに自分自身を監視しながら私たちは生きている。私たちは、自然の状態だけでなく、自分自身をもモニタリングしながら生きているのです。

では、そのなかで生きる人間というのはどういった存在なのでしょうか。そこで人間は、自然から離脱した存在になっています。なるべく人工的な環境というものをつくりあげ、カプセルのなかを生きているような状態に私たちはなっています。マンフォードは、現代人は生命維持装置につながれた宇宙服のなかで生きているようなものなのだと言っています[8]。エアコンの効いた室内で過ごす私たち、マスクをつけて外部の空気を濾過して呼吸している私たちは、じつは一人ひとりがカプセルのなかで生きているのです。

もちろん人間は、完全に自然から離脱することはできません。カプセルの境界はしばしば破壊されてしまいます。自然によって予想を上まわる攪乱が起きたり、人間が思ってもみなかった過失をしでかしたりして、カプセルが壊れてしまうことはしばしばあります。そのとき人間は、なぜか必死に境界を修復して埋め戻そうとします。攪乱が起こると、どうにかしてすぐにでも日常を取り戻そうとします。特定の地域、特定の時期を日常から切り離してでも、それ以外の地域、それ以外の時間の日常を回そうとするのです。つまり、一定の地域を避難区域にしたり、一定の期間、緊急事態宣言を出したりして日常生活をストップするというようなことをします。一時的に日常を止めてでも、そのあとに日常を回復しようとするのです。このように私たちの科学技術社会は、どうにかして日常をつくりだそうとする作用を持っています。

そこでいったん日常が回復されてしまうと、攪乱に怯えていた日々のことは忘れ去られていきます。あれだけ大変だった3・11でさえ、大半の人は忘れ去ってしまいます。そして次から次へと新しい災厄と私たちは向き合わなければなりません。コロナ禍という新しい災厄が登場したことによって、以前の災厄はどこかに忘れ去られてしまいます。そういった忘却の作用を、私たちの科学技術社会は持っています。

科学技術社会における人間とは、このような存在になっています。前回、このような世界における自由とは何なのだろうという質問がありました（本書一〇四頁参照）。これはとても重要な問いです。人間にとって科学技術を使って生きるとは、どういうことなのか。そこで私たちは自由に科学技術を使っていると言えるのか。現代の科学技術社会は、このような問いを私たちに突きつけています。

■「わざわい」とは何だろうか

最後にもう一度全体の根源となる問いを考えて、全体の結びとしたいと思います。そもそも「わざわい」とは何なのでしょうか。これまでの講義を通して、「災害」とは何かということは、かなり見えてきたと思います。ではそもそも「災害」によって私たちがこうむる「わざわい」とは何なのでしょうか。

「わざわい」という言葉には、「災」と「禍」という二つの漢字があります。これら二つの「わざわい」は、かなりニュアンスが違います。『漢字源』によると、次のように書いてあります[9]。まずは「災」から見てみましょう。この文字の「巛」は、「川をせき止めるせきを描いた象形文字」とあります。下の「火」は、日常の生活を止めてしまう火災のような状況を指しています。このように流れを止めてしまうようなわざわいを指しているのが「災」になります。言葉としては「災異、災疫、災難、災厄、天災、人災、息災、戦災、震災」のような熟語で使われます。

それに対して「禍」の方はどうでしょうか。漢字の起源について見ると、次のように書いてあります。左側のしめすへんは神です。右側のつくりは穴を意味しています。あわせて神が落とし穴に突き落とすような、思いがけない不幸を与えることを指しています。つまり「禍」としてのわざわいのなかには、思ってもいなかった偶然の出来事という意味合いが含まれています。熟語としては「禍根、惨禍、舌禍、筆禍、戦禍」などがあります。個人に降りかかる思いもよらないわざわいというイメージが「禍」にはあります。

現在、「コロナ禍」のように「禍」という漢字が使われていますが、この講義を通して考え直してみると、むしろ「災」という漢字で表現されるようなことが起こっていると見た方がよいのではないでしょうか。つまりコロナというのは、ヒトの「流れ」によって引き起こされている災害です。ヒトの流れが高速になり、地球規模になったことによって、パンデミックが生まれたのです。さらにそれを止めるためには、流れを止めるしかありません。社会活動を大きく制限せざるを得ない。コロナとは、流れが増大したことによる災いであると同時に、流れをストップすることによる災いでもあるのです。毎日のニュースを見ると、都心部の人流、入院患者の数、Ｇｏ ｔｏ トラベルなど、流れを計測し、コントロールしようとする話題ばかりです。ここではコロナとは、流れの災いにほかなりません。

けれども、本当に重要なのは「禍」の方ではないでしょうか。一人ひとりがどのようなわざわいと向き合っているのか。こちらのほうが重要な問いではないでしょうか。現在の「流れ」をめぐる大混乱のなかで、一人ひとりにとっての「禍《わざわい》」とは何かという問いは見落とされてしまいがちではないでしょうか。数値化された流れのデータばかりが伝えられるニュースからは、一人ひとりがどういう禍と向き合っているのかということはなかなか見えて来ません。この点を忘れてはいけないのではないでしょうか。

そんななかで、私が思わず立ち止まってしまったニュースが一つあります。ニューヨーク市の郊外にハート島という島があります。ニューヨークの北の方にあって、都心部のマンハッタン島から見えない位置にあります。自由の女神のような観光地は湾の入り口にありますが、ハート島は湾の奥に位置する無人島です。そこでは一五〇年前から身寄りがない死者たちが埋葬されていて、新型コロナウイルスの大流行以

図2　ハート島に埋葬される遺体

降、そこで埋葬される人が急増しているというニュースでした。四月上旬（二〇二〇年）のニューヨークは大変な状況だったので、ハート島の埋葬が追いつかないほどだったと言います（図2）[10]。

ただ私がこのニュースに衝撃を受けたのは、死者が急増しているという危機的状況を見せつけているからではありません。このニュースによれば、COVID-19によって一日に二〇人以上の遺体が運ばれるようになったといいます。けれども私が注目したのは、流行前にも、一週間に二五人ぐらいの方が埋葬されていたという点です[11]。つまりコロナが流行する以前から、毎年一〇〇〇人以上の人たちが、この島に埋葬されていたのです。この人たちは、対岸にある大都市ニューヨークという人工的な環境で生き、何らかの理由で死亡して、この島に埋葬されて自然に帰っていく。このようなことが、一五〇年間絶え間なく続けられてきたのです。

言葉で表現するのが人文学なのですが、ここで起こっていることを私はうまく言葉にすることができません。この島に埋葬されている人たちは身寄りのない人々で、都市でも周辺に生きていた人たちに違いありません。でも果たして死そのものが「禍」なのでしょうか。そもそも「わざわい」とは何なのでしょうか。この風景は、そういった問いを突きつけていると思います。このような風景を忘れ、流れとしての「災い」だけに注目してしまうと、科学技術社会は容易に巨大な機械となっていきます。そこで人間は、「災い」をうまく処理して流れを回していくことだけに追われることになります。科学技術社会は、災いを生み出しながら回りつづける巨大機械としての性質を持っているからです。

「禍」としてのわざわいを忘れずに災害について考えていくためにはどうすればよいのだろうか。そういうことを考えながら、毎回、この講義の準備を進めてきました。

「ハートアイランドプロジェクト」という、ハート島に埋葬された人々を思い起こすためのウェブページがあります。オンラインでハート島の風景を見ることができるので、ぜひあとで見ていただければと思います。[12]

以上で最終回の講義を終わります。

「今回の感染症はどのような位置づけになるのでしょうか。自然災害なのでしょうか、人災なのでしょうか。環境災害なのでしょうか。どれにも属して重なっているようにも思えます。」

現代の災害はどれか一つにカテゴライズできるようなものではないし、とくに感染症の場合は気象災害などとは違って人間の集団そのものがもたらす災害なので、自然災害とは少しずれるところがあります。ただ感染症を「災害」の一つとして位置づけることで、そのほかの災害もじつは人間によってつくりだされたものだということが見えてきます。「環境災」のような言葉で考えていくといいのではないかと思います。

「人間がつくる文明は自然にあらがうものであるという解釈は西洋的な自然観ではないか。そうではない文明があるのではないか。」

科学技術社会が西洋起源であることは間違いないと思います。それに対するオルタナティブとして別の文明があるのではないか、たとえば東洋的な自然観があるのではないかということは、ずっと言われてきました。けれども現代では、科学技術社会が実質的に地球全体を覆いつくしてしまっています。東洋的なもの、自然との調和というようなことも言われることはありますが、実際には科学技術社会を補完するようなかたちで導入されています。

たとえば日本では「里山」と呼ばれる場所があって、農業政策としても里山の保護が進められています。たとえばトキやコウノトリなど、絶滅した生物を再導入して豊かな里山をつくろうとするプロジェクトがあげられます。けれどもそこでは同時につねに自然のモニタリングが行われています。再導入された個体にGPSをつけて監視したり、遺伝的なモニタリングをしています。このように一見すると伝統的な自然と人間の関係に見えるようなものでも、骨組みにはしっかりとした科学技術社会があると私は思います。

「うちは農家なんですが、外と屋内の境界が曖昧という感覚があります。」

たしかに田舎の家で縁側に出ると、外にいるのか中にいるのかよくわからなくなることがありますね。今日の話は、エアコンの効いた部屋のようなイメージでお話ししたので、縁側のある家を考えると見方も変わってくるかもしれません。

ただ今回の講義で考えようとしたのは、家の外でも自然を監視する科学技術はあまねく作用しているということです。「自然」のように見える環境もまた、じつは科学技術がつくる世界の内部なのです。

「「離脱」という言葉に違和感があります。介入の科学技術社会と連続的ではないか。」

「離脱」というと人間の側から見た言葉になります。自然と人間の「境界」と言ってもよいと思います。何らかの境界をつくって人工空間を確保していく科学技術です。もちろんこれは介入の科学技術があって初めて成り立つものです。巨大な堤防をつくる、ダムのような巨大な人工物をつくるということは、境界のテクノロジーであると同時に、自然に介入してコントロールしようとする科学技術になります。

「資本主義も人工空間と言えると感じます。科学技術社会との資本主義の関係は、別の分野の研究対象になるのでしょうか。」

分野で研究対象を分ける必要はないので、資本主義との関係については私も考えたいと思っています。ただ今回の講義では、この点についてはほとんど言及してきませんでした。科学技術社会をうまく回していく上で、資本主義というシステムは不可欠です。貨幣も地下由来の金属からつくられてきたわけだし、現代では情報として膨大な貨幣がやりとりされています。そういった意味で、科学技術社会と資本主義は、お互いに支え合っているシステムであると思います。そのメカニズムについてはもう少し考えさせてください。「カネがカネを生む現代の経済も「モニタリング経済」なのかも…」というコメントもありますね。

「内部と外部というのは哲学の出口先生の「自己と他者」にも通じるものがあるように感じます。[13]」

「自己」という概念も環境と密接なつながりがある概念だと思います。とくに技術を使うときに、自己とは何かという問いが重要になります。パソコンを道具として使っているのか、もしくはパワーポイントに使われているのか、どちらかよくわからなくなることがありますね。そういう意味で、自己や自由という問題は、科学技術をめぐる議論ではとても重要で、哲学の議論ともつながってくると思います。

「科学技術社会に生きる上で「災」の流れから抜け出すことは可能なのでしょうか。自然からの離脱はある意味で自然の管理と人工化と理解しました。その不完全さはいつまでもつきまとうものであるという気がします。」

そうですね。これは抜け出すことはできません。むしろ災害はどんどん増えていくだろうと思います。安定性を高めようとすればするほど、むしろ不安定になるからです。というのは、モニタリングの編み目は、それほど緻密なものではありません。一〇〇年前と比べれば、ある程度は自然を捕捉できるようにはなっています。それでも網目の隙間から、自然はどんどんはみ出してきます。予測は完全ではないので、必ず災害は起こります。

さらに不確実なのは人間で、何をするかよくわからない生き物です。今回のコロナ禍でも、「コロナパーティー」として報道されているものなどが、人間の想定外の行動と見えるかもしれません。自然から離脱しようとしても完全な離脱は不可能で、実際には穴だらけです。つねにいたちごっこで埋め戻しているのが、現代の科学技術社会であると思います。

「人間が喜んで自分をモニタリングする、その上で宇宙服のようなもののなかで個別に生きている。「ソーシャル・ディスタンス」という言葉も別の意味を持ちそうですね。」

「ソーシャル・ディスタンス」という言葉は、一人ひとりのあいだの距離を保って感染を防ぎなさいという意味で使われています。本来、ソーシャルというのは人と人のつながりで生まれてくる社会的な集合のことですね。けれどもディスタンスを取れば取るほど、人は個別化してカプセルの中に引きこもっていきます。一人ひとりがカプセルのなかで自分を監視し、他人の振る舞いが新しい規範に違反していると責めたりしています。「ソーシャル」と「ディスタンス」は、本来は逆方向を向いている言葉だと思います。

時間が過ぎましたので、これで終わりにしたいと思います。毎回、すべての質問に答えることはできませんでしたが、終わったあとにすべてに目を通しています。考えさせられる質問、私自身の発想が刺激されるコメントも多く、とても感謝しています。最初はどうなることかと思っていたのですが、私も考えをまとめたり、深めたりすることができて、とても有意義な講義でした。本当に感謝したいと思います。唯

一、みなさんの顔が見られなかったのが残念です。いつかどこかでみなさんの顔を見られる日があったらうれしく思います。

どうもありがとうございました。

注

■第一講

［1］新村出編『広辞苑　第七版』岩波書店、二〇一八年。

［2］「新型コロナウイルス年表」をもとに作成。https://www.j-cast.com/2020/04/24384938.html（二〇二三年一〇月二日最終アクセス）

［3］感染症の人類史については、山本太郎『感染症と文明――共生への道』（岩波書店、二〇一一年）を参照。

［4］村上陽一郎『ペスト大流行――ヨーロッパ中世の崩壊』岩波書店、一九八三年。

［5］西迫大祐によると、コロナ以前のフランスでの大規模なロックダウンは、一七二〇年にペストが流行したマルセイユ以来のことだという。だが現在のロックダウンとは大きく異なる点も多い。たとえばそのときは、完全にペスト患者がいなくなった時点でロックダウンの終結が宣言された。西迫大祐「フーコーにおける感染症と安全」『現代思想』第四八巻七号、二〇二〇年、九〇-九六頁。

［6］ただし条件によっては、高い致死率をもたらす病原体が進化することもある。進化生物学の観点から感染症を論じたものとしては、ポール・W・イーワルド『病原体進化論――人間はコントロールできるか』（池本孝哉・高井憲治訳、新曜社、二〇〇二年）を参照。

［7］進化生物学の観点からは、一般的には重篤な感染症はパンデミックになりにくく、軽微な感染症は伝播しやすい。だがCOVID-19がパンデミックになった理由については、潜伏期間などさまざまな要因があり、科学者のあいだでも議論されている。

［8］内務省衛生局『流行性感冒』、一九二二年、国立国会図書館デジタルコレクション。

［9］同上書。

[10] 速水融『日本を襲ったスペイン・インフルエンザ——人類とウイルスの第一次世界戦争』藤原書店、二〇〇六年、四二七頁。統計上の死者数三八万五〇〇〇人を補正した推測値。

[11] 『東京朝日新聞』一九一八年一一月八日付。

[12] 本講義のあとで、一九一八年の休校は京都帝大医科大学教授の戸田正三の判断にもとづいていたことが明らかになった（橋本陽「京都帝国大学と第三高等学校の感染症対策」『京都大学大学文書館だより』第三九号、二〇二〇年、一二頁）。戸田が寄宿舎での罹患状況を調査したところ、すでに六割近くが罹患した上で全快していて、流行は終息しつつあると予測した。ここで予測に用いられたのは、データに正規曲線をあてはめて予測値を導くジョン・ブラウンリーの医療統計学的な手法で、現在の数理モデルにもとづくものとは異なる。

[13] 内務省衛生局、前掲書、一八六頁。

[14] パオロ・ジョルダーノ『コロナの時代の僕ら』飯田亮介訳、早川書房、二〇二〇年、二六頁。

[15] Neil Ferguson, Daniel J. Laydon, Gemma Nedjati-Gilani, et al., Report 9: Impact of Non-Pharmaceutical Interventions (NPIs) to Reduce COVID-19 Mortality and Healthcare Demand, 16 March 2020. https://www.imperial.ac.uk/media/imperial-college/medicine/sph/ide/gida-fellowships/Imperial-College-COVID19-NPI-modelling-16-03-2020.pdf（二〇二三年一〇月二日最終アクセス）。この報告書については、美馬達哉『感染症社会——アフターコロナの生政治』（人文書院、二〇二〇年）、第五章「感染までのディスタンス」に詳しい。

[16] 以下の文献に基づき作成。「新型コロナウイルス感染症対策の状況分析・提言」二〇二〇年四月二二日、厚生労働省ウェブページ、https://www.mhlw.go.jp/content/10900000/000624048.pdf（二〇二三年一〇月二日最終アクセス）

[17] 二〇二〇年四月の緊急事態宣言において、八割の接触削減が目標とされた経緯については、西浦博（川端裕人聞き手）『新型コロナからいのちを守れ！——理論疫学者・西浦博の挑戦』（中央公論新社、二〇二〇年）、一七三‐一九二頁に詳しい。

[18] オーバーシュートは学術用語ではなく、スパイク状の感染者の急増を表現するために西浦が使いはじめた用語であ

る。西浦、前掲書、一〇七–一〇八頁。

[19] 巌佐庸『数理生物学入門——生物社会のダイナミックスを探る』HBJ出版局、一九九〇年、四三–四六頁。

[20] Brigitte Nerlich, Media, Metaphors and Modelling: How the UK Newspapers Reported the Epidemiological Modelling Controversy during the 2001 Foot and Mouth Outbreak. *Science, Technology, & Human Values*, 32(4), 2007, 432-57; 日比野愛子「感染症シミュレーションにみるモデルの生態学」山口富子・福島真人『予測がつくる社会——「科学の言葉」の使われ方』東京大学出版会、二〇一九年、一一三–一三八頁。

[21] Eric Lipton, & Jennifer Steinhauer, The Untold Story of the Birth of Social Distancing. *The New York Times*, April 22, 2020.

[22]「〝流感休校〟に反対論」『朝日新聞』一九五七年六月一三日。

[23] 山本太郎『新型インフルエンザ——世界がふるえる日』岩波書店、二〇〇六年、二五頁。

第二講

[1] 瀬戸口明久「境界と監視のテクノロジー——自然と人工のあいだ」『情況』第四期二巻六号、二〇一三年、四三–五七頁。

[2] NHK東日本大震災アーカイブスなどをもとに作成。https://www9.nhk.or.jp/archives/311shogen/72hours/（二〇二三年一〇月二日最終アクセス）

[3] たとえば三月一一日に政府の地震調査委員会は、次のように「想定外」という言葉を使っている。「地震調査委員会では、宮城県沖・その東の三陸沖南部海溝寄りから南の茨城県沖まで個別の領域については地震動や津波について評価していたが、これらすべての領域が連動して発生する地震については想定外であった」。地震調査委員会「平成23年（2011年）東北地方太平洋沖地震の評価」二〇一一年三月一一日。https://www.jishin.go.jp/main/

chousa/11mar_sanriku-oki/index.htm（二〇二三年一〇月二日最終アクセス）
［4］震災翌日の三月一二日の『朝日新聞』『読売新聞』は、それぞれ「原発 想定外の事態」「原発「想定外」の危機」の見出しのもと、原子炉を冷却できなくなっている深刻な事態を報じている。
［5］ＥＣＣＳの問題は、原発の安全性論争の焦点になってきた。たとえば高木仁三郎『巨大事故の時代』（弘文堂、一九八九年）を参照。
［6］ＳＰＥＥＤＩについては、寿楽浩太・菅原慎悦『原子力と地域社会に関する社会科学研究支援事業平成28年度研究成果報告書　「ＳＰＥＥＤＩ」とは何か、それは原子力防災にどのように活かせるのか？』（二〇一七年）を参照。
［7］「緊急時迅速放射能影響予測ネットワークシステム（SPEEDI）等による計算結果（二〇一一年三月）」原子力規制委員会のウェブページ。https://radioactivity.nra.go.jp/ja/list/201/list-201103.html（二〇二三年一〇月二日最終アクセス）
［8］気象学における観測とデータ化のネットワークについては、以下の文献を参照。Paul N. Edwards, *A Vast Machine: Computer Models, Climate Data, and the Politics of Global Warming*, MIT Press, 2010.
［9］「計画的避難区域、緊急時避難準備区域の設定」二〇一一年四月二二日、経済産業省ウェブページ。https://warp.ndl.go.jp/collections/info:ndljp/pid/2896167/www.meti.go.jp/press/2011/04/20110422004/20110422004.html（二〇二三年一〇月二日最終アクセス）
［10］放射線被曝の歴史については、中川保雄『放射線被曝の歴史』（技術と人間、一九九一年）を参照。
［11］気象庁『気象業務はいま２０１２』、四〇‐五一頁。https://www.jma.go.jp/jma/kishou/books/hakusho/2012/HN2012.pdf（二〇二三年一〇月二日最終アクセス）

［1］福岡市、二〇一〇年二月筆者撮影。

［2］木下周太「虫害」『普及講座 防災科学 第四巻 凶作』岩波書店、一九三六年、一〇五‐一二五四頁。

［3］瀬戸口明久『害虫の誕生——虫からみた日本史』筑摩書房、二〇〇九年。

［4］新村出編『広辞苑 第七版』岩波書店、二〇一八年。

［5］小山重郎『害虫はなぜ生まれたのか——農薬以前から有機農業まで』（東海大学出版会、二〇〇〇年）より。

［6］江戸時代の農業については、武井弘一『江戸日本の転換点——水田の激増は何をもたらしたか』（NHK出版、二〇一五年）を参照。武井によれば、江戸時代の農業は豊かな生物相をもたらした一方で、人為的な自然の改変が虫害や水害を招いた「水田リスク社会」であった。人工空間の拡大が災害をもたらすという本書の視点（第五講参照）とも関連する論点である。

［7］「虫災論言」『農務顛末第五巻』農林省、一九五六年、三〇‐三二頁。

［8］農商務省農務局『農作物病虫害予防事務概要』（一九一二年）、六三‐七〇頁より作成。

［9］『農業教育害虫唱歌』三石堂、一九〇六年（鹿児島大学附属図書館蔵）。

［10］同上書、三頁。国文学研究資料館近代書誌・近代画像データベースで全文を閲覧できる。http://school.nijl.ac.jp/kindai/CKMR/CKMR-00217.html（二〇二三年一〇月二日最終アクセス）

［11］第一次世界大戦と空間の管理については、瀬戸口明久「空間を充たすテクノロジー」（藤原辰史ほか編『現代の起点 第一次世界大戦第2巻 総力戦』岩波書店、二〇一四年）二一一‐二三三頁、殺虫剤の空中散布については、以下の文献を参照。Eldon W. Downs, & George F. Lemmer, Origins of Aerial Crop Dusting. *Agricultural History*, 39(3), 1965, 123–135.

［12］Theodosius G. Dobzhansky, *Genetics and the Origin of Species*, Columbia University Press. 1937, 161.

［13］レイチェル・カーソン『沈黙の春』青樹簗一訳、新潮社、一九七四年、一二頁。

［14］中筋房夫『総合的害虫管理学』養賢堂、一九九七年。IPMの歴史については、Paolo Palladino, *Entomology*,

Ecology and Agriculture: The Making of Scientific Careers in North America, 1885–1985*, Harwood Academic Publishers, 1996.
[15] 桐谷圭治『「ただの虫」を無視しない農業――生物多様性管理』築地書館、二〇〇四年。
[16] Sharon E. Kingsland, *Modeling Nature : Episodes in the History of Population Ecology*, 2nd ed., University of Chicago Press, 1995.
[17] JPP-NETウェブページ「海外飛来性害虫 飛来予測システム」https://www.jppn.ne.jp/jpp/hiraiyosoku/index.html（二〇二三年一〇月二日最終アクセス）
[18] 大塚彰・渡邊朋也・鈴木芳人「イネウンカ類のリアルタイム飛来予測」『農林水産技術研究ジャーナル』第二八巻三号、二〇〇五年、二四-二八頁。
[19] Food and Agriculture Organization of the United Nations, Locust watch, https://www.fao.org/ag/locusts/en/info/info/index.html（二〇二三年一〇月二日最終アクセス）
[20] https://twitter.com/FAOLocust/status/1277513469768740865（二〇二三年一〇月二日最終アクセス）
[21] https://www.youtube.com/watch?v=WT6PaiTNpjI（二〇二三年一〇月二日最終アクセス）

■第四講

[1] 以下の資料より作成。総務省統計局、https://warp.da.ndl.go.jp/info:ndljp/pid/11056809/www.stat.go.jp/data/chouki/29.html（二〇二三年一〇月二日最終アクセス）
[2] 車輪の歴史についての最近の研究としては、デイヴィッド・W・アンソニー『馬・車輪・言語――文明はどこで誕生したのか』（東郷えりか訳、筑摩書房、二〇一八年）、一〇一-一一一頁。
[3] 自動車の歴史の概要については、Martin V. Melosi, The Automobile and the Environment in American History,

http://www.autolife.umd.umich.edu/Environment/E_Overview/E_Overview1.htm（二〇二三年一〇月二日最終アクセス）。このウェブページは、環境史の視点から自動車を捉え直そうとしている点で示唆に富む。

［4］以下の自動車の歴史については、齊藤俊彦『くるまたちの社会史――人力車から自動車まで』（中央公論社、一九九七年）にもとづいている。ほかに高田公理『自動車と人間の百年史』（新潮社、一九八七年）、中岡哲郎『自動車が走った――技術と日本人』（朝日新聞社、一九九九年）も参照。

［5］齊藤、前掲書、一八五頁。

［6］技術史家の中岡哲郎は、一九二六年の西宮での交通調査をもとに、この時期の道路で見られたのは「牛車と自動車の共存風景」であったと指摘している。中岡、前掲書、七一‐七二頁。

［7］吉江勝保「交通災害」『普及講座 防災科学 第六巻 諸災』岩波書店、一九三五年、九一‐一一五頁。

［8］梅棹忠夫「名神道路」『中央公論』第七五巻一三号（一九六〇年）、一四〇‐一五六頁（『日本探検』講談社、二〇一四年に再録）。

［9］『交通戦争の断面』（日本ニュース新報社）をもとに作成。

［10］「交通戦争①」『読売新聞』一九六四年一二月四日付。

［11］梅崎春生『狂い凧』講談社、二〇一三年、七頁。交通事故をあつかった梅崎の作品としては、ほかに自動車損害賠償保障法を悪用して賠償金をだまし取ろうとする男たちが登場する『つむじ風』（一九五七年）や、交通事故で妻子を亡くした男が主人公の『幻化』（一九六五年）などがある。

［12］高山清隆（撮影）『写真集 交通戦争と子どもたち』栄光出版社、一九六七年、八頁。

［13］亀井勝一郎「地獄編序曲」『読売新聞』一九五七年五月一〇日夕刊。

［14］『毎日グラフ』一九五五年一一月二三日号。

［15］『朝日新聞』一九五五年一月一七日夕刊。

［16］空気のモニタリングについては以下で詳しく論じた。瀬戸口明久「炭坑化する世界――空気を満たすテクノロジー」

石井美保ほか編『環世界の人文学――生と創造の探究』人文書院、二〇二一年、四四五-四六二頁。

[17] 荒木峻・高橋昭編『大気汚染の自動分析』化学同人、一九七四年、二六一-二六二頁。

[18] 方城炭鉱での炭塵爆発については、以下の文献を参照。織井青吾『方城大非常』朝日新聞社、一九七九年。Brett L. Walker, *Toxic Archipelago : A History of Industrial Disease in Japan*. University of Washington Press. 2010, Chapter 6.

[19] ただし実際に自動車からの排気ガス規制が大きく進展するのは、一九七〇年代のことである。この時期の排気ガスをめぐる議論については、喜多川進「一九七〇年代における自動車排気ガス規制の再検討――雇用喪失をめぐる議論をてがかりに」(法政大学大原社会問題研究所・鈴木玲編著『労働者と公害・環境問題』法政大学出版局、二〇二一年、第七章)を参照。

[20] 北川徹三「アルコールの影響による交通災害とその対策」『安全工学』第二巻三号、一九六三年、一七四-一八四頁。

[21] 浅野信二郎「酒気帯び運転の防止のための改正と交通警察活動」『警察学論集』第二三巻一一号、一九七〇年、一八-三六頁。

[22] 北川、前掲論文。おもにドイツとアメリカにおけるアルコール検出機器については、原克『暮らしのテクノロジー――20世紀ポピュラーサイエンスの神話』(大修館書店、二〇〇七年)、一八九-二一六頁を参照。

[23] 宇沢弘文『自動車の社会的費用』岩波書店、一九七四年、五頁。

[24] 「環境省大気汚染物質広域監視システム そらまめくん」https://soramame.env.go.jp/ (二〇二三年一〇月二日最終アクセス)

[25] 三浦豊彦『大気汚染からみた環境破壊の歴史』(労働科学研究所、一九七五年)、第二章を参照。

[26] 科学技術における主体の問題については、瀬戸口明久「生命としての科学/機械としての科学――科学の意味をめぐる問い」金森修編著『昭和後期の科学思想史』(勁草書房、二〇一六年、三〇三-三三七頁)を参照。

[27] 同時期に配信されていた児玉聡さんのオンライン講義「COVID-19の倫理学」を参照。https://ukihss.cpier.kyoto-u.

ac.jp/1793/（二〇二三年一〇月二日最終アクセス）。なお、このオンライン講義は本書と同じように書籍化されている。児玉聡『COVID-19の倫理学――パンデミック以後の公衆衛生』ナカニシヤ出版、二〇二二年。

■第五講

［1］新村出編『広辞苑　第七版』岩波書店、二〇一八年。

［2］寺田寅彦「天災と国防」『天災と国防』（講談社、二〇一一年）に所収。引用は一二一-一二三頁。

［3］同上書、一二一-一二三頁。

［4］分子進化学者の五条堀孝によれば、ウイルス変異の詳細なモニタリングによって、将来の進化もある程度予測できるようになる。そして将来的に感染症対策は、「気象予報や地震予知」と同じようなものになるという（五條堀孝『「新型コロナワクチン」とウイルス変異株』春秋社、二〇二一年）。

［5］ルイス・マンフォード『技術と文明』生田勉訳、美術出版社、一九七二年、八九-一〇二頁。

［6］Wellcome Collection. Attribution 4.0 International (CC BY 4.0)　https://wellcomecollection.org/works/zauqw76v（二〇二三年一〇月二日最終アクセス）

［7］美術史家のジョナサン・クレーリーは、二四時間止まることなく稼働しつづける現代の情報社会について論じている（『24/7――眠らない社会』岡田温司・石谷治寛訳、NTT出版、二〇一五年）。人々を個室に隔離しながら、突き進むことをやめないコロナ下の世界について考える上でも示唆に富む著作である。

［8］ルイス・マンフォード『権力のペンタゴン』生田勉・木原武一訳、河出書房新社、一九七三年、口絵一四-一五頁。マンフォードは一九五六年の『人間の変貌』でも、自然から隔離された人工環境を生きる人間の姿について論じている。そこで人間は、「最高速度で飛ぶ自己推進カプセル」のなかで、ひたすら生存の維持のみに終始している「ホムンクルス」である。それはマンフォードにとって、もはや人間以後の存在である。マンフォード『人間――過去・

現在・未来　下』久野収訳、岩波書店、一九八四年、八八頁。

［9］藤堂明保ほか編『漢字源　改訂第五版』学研プラス、二〇一〇年。

［10］二〇二〇年四月。https://www.newsweekjapan.jp/stories/world/2020/04/ny-39_1.php（二〇二三年一〇月二日最終アクセス）

［11］Coronavirus: New York ramps up mass burials amid outbreak, *BBC News*, 10 April 2020, https://www.bbc.com/news/world-us-canada-52241221（二〇二三年六月九日最終アクセス）

［12］The Hart Island Project, https://www.hartisland.net/（二〇二三年一〇月二日最終アクセス）

［13］同時期に配信されていた出口康夫さんのオンライン講義「自己とは何か——われわれとしての自己」とアフターコロナ」を参照。https://ukihss.cpier.kyoto-u.ac.jp/1783/（二〇二三年一〇月二日最終アクセス）

文献案内

各章のトピックについて関心がある方は、注で紹介している文献を参照してください。また環境史や科学技術史については、すぐれた一般向け著作がたくさんありますが、本書の視点と同じものはそれほど多くはないようです。そこで以下では、私が本書で話したことを考えたときに読んだ本（と講義のあとに考えたときに読んだ本）を紹介したいと思います。

ジェームズ・C・スコット（立木勝訳）
『反穀物の人類史――国家誕生のディープヒストリー』
（みすず書房、二〇一九年）

本講義でも述べたように、農業や都市は、害虫や病気という新たなリスクをもたらしました。人類学者のスコットは、農業という営み自体が、それまでの狩猟採集生活と比べて割に合わない生活様式だったと言います。人間の側から見たら、植物を飼いならしているように見える農業も、植物から見れば人間をしばりつけて世話をさせていることになります。それは狩猟採集や遊牧よりはるかに効率の悪い脆弱な生活形態だったのです。スコットは考古学的な知見と進化生物学の観点から、いかにして脆弱な穀物栽培が国家の形成にまでつながったのか論じています。本書を読むと、技術というものが決して人間の思惑どおりにつくられてきたものではないことがわかります。

ロザリンド・ウィリアムズ（市場泰男訳）
『地下世界――イメージの変容・表象・寓意』
（平凡社、一九九二年）

現代社会は、地下の炭坑と同じく、機械がつくりあげた巨大な人工環境になっています。本講義でも言及したマンフォードのテーゼに触発されて、ウィリアムズは地下世界に向けられた恐れと憧れの系譜を描こうとします。産業革命は大地を切り開いて環境を人工化し、地層を掘り下げることで何万年にもわたる地球の歴史に人々の目を向けさせました。そこで登場したのが、地底世界を描くSF小説というジャンルです。そこで語られているのは、夢のある冒険物語だけではありません。膨大な文学作品の分析からは、工業化した世界における人間の変容、階級の分断、巨大な災厄への不安が描かれたことが見えてきます。最終章ではカフカの『巣穴』が取り上げられます。巣穴を掘って引きこもり、いつ安全が脅かされるか不安にさいなまれながらじっと耐える動物。これはコロナ禍を生きる私たちそのものではないでしょうか。

木田元（マイケル・エメリック訳）
『対訳　技術の正体』
（デコ、二〇一三年）

ハイデガー哲学者の木田元が一九九三年に書いた「技術の正体」と東日本大震災のあとに出た自伝的エッセイからなる小著。木田は、原発事故を踏まえて、技術とは人間の思惑を超えて自己運動するものであり、人間はそれに酷使されていると言います。そして人間が理性的に技術をコントロールできるとする見方に警鐘を鳴らし、「不気味なもの」としての技術と向き合うことを呼びかけています。

The True Nature of Technology
対訳
技術の正体
木田 元 著
Gen Kida
Michael Emmerich
マイケル・エメリック 訳
自己運動をはじめた“怪物”と
われわれはどう向き合うか!?

森田真生
『計算する生命』
（新潮社、二〇二一年）

計算もまた、ひとつの技術にほかなりません。人間が指を折って数をかぞえることからはじまった計算は、いまや天気予報や放射性物質の予測、そして感染症の流行予測にまで広がっています（本講義についても言及されています）。世界はもはや計算に飲み込まれつくしているかのようです。だが森田は、悲観的な木田とは対照的に、無意味に思える計算こそが、人類の未来を切り開いてきたのだと言います。計算の歴史においても、負の数や虚数のような「不可解なもの」が人間を困惑させてきました。だがそれらの存在と向き合って思考を続けることこそが、「計算と生命の雑種《ハイブリッド》」としての私たちをつくってきたのです。

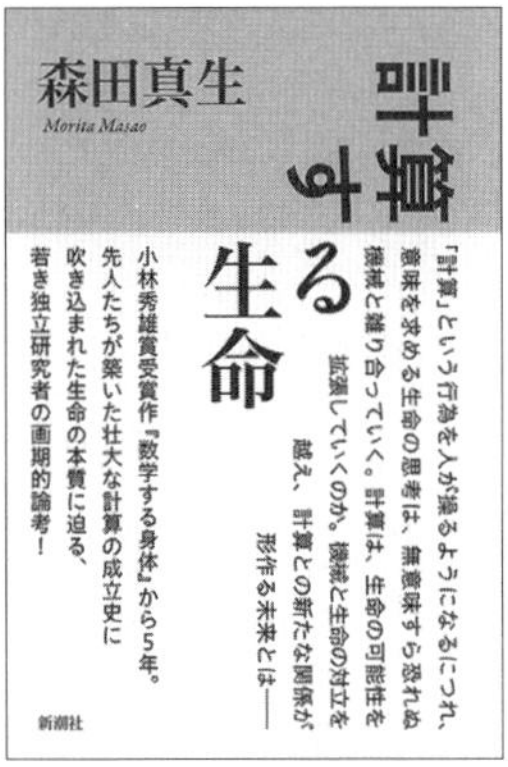

坂本賢三
『機械の現象学』
（岩波書店、一九七五年）

一九七〇年代は、科学技術の意味が根源から問われた時期でした。公害、軍事技術、核技術。現代につながる科学技術の諸問題は、すべてこの時期に噴出したのです。哲学者で技術史家でもある坂本賢三は、もともとは人間の役に立つようにつくられた機械が、いかにして巨大なシステムとして私たちを脅かすようになったのか、人類史を見通す枠組みを提示しています。坂本の技術論は、同時代の科学技術批判の多くと異なっています。ほとんどの論者が科学技術を抑制しなければならないと批判したのに対し、坂本は機械をより人間に近づけていくしかないと考えたのです。坂本によれば、機械は人間の環境であり、人間の分身と言ってもよいものです。私たちはもはや機械を切り捨てることはできません。この世界はすべて機械の内部にあり、脱出できる外部などないからです。

武田泰淳
『評論集　滅亡について　他三十篇』
（岩波書店、一九九二年）

人間がつくりだすあらゆる災害のなかで、戦争ほど甚大なものはありません。敗戦時に上海にいた作家の武田泰淳は、滅亡について思いをめぐらせます。近代の戦争の帰結は、ますます全面的な滅亡に近づいていると武田は言います。滅亡についての思索を通じて武田が見通すのは、「巨大な時間と空間」でした。一国の滅亡などは、「世界という生物の肉体のちょっとした消化作用」にすぎないのではないか、と武田は言います。戦勝に沸く上海で、武田は日本の滅亡を全身でかみしめていました。だが敗戦三年後にこの評論が書かれたときには、日常の雑事に追われて、滅亡から感じられた緊張感もかすみつつあると武田は言います。私たちも、この数十年、いくつかの巨大な災害に直面してきました。そのときの感覚を忘れずに考えつづけることはできるのでしょうか。

あとがき

「立ち止まって、考える」という連続講義を企画しているので話してくれないか、と文学研究科の出口康夫さんからメールが来たのは、二〇二〇年四月末のことでした。正直なところ、お引き受けするかどうか迷いました。というのも、私は学生のいない人文科学研究所に所属していることもあって、京都大学では何年も講義を担当していませんでした。ときどき非常勤講師の依頼は来ていたのですが、お断りしていました。本書第二講でも述べたように、3・11以降、私の科学技術の見方は大きく変わりました。それは世界観が変わるような出来事だったので、なかなかうまく研究や講義をまとめることができなくなってしまったのです。私は何年も立ち止まったままでした。ようやく少しずつ研究を進めたり、講義を担当できるようになったころにコロナ禍となり、出口さんからのメールが届きました。とにかくこの一〇年考えてきたことをかき集めて、何とか形にしたのがこの講義です。

講義は暑い夏の日曜日に、人がほとんどいなくなった京都大学吉田キャンパス内にある私の研究室から配信されました。YouTube 動画には映っていませんが、講義をする私の目線の先には、機器操作を担当された大西琢朗さんがいました。大西さんはつねに機器をチェックしながら、私の講義にうなずいて反応してくれました。講義のあとに内容について議論したこともあります。私は自分の科学技術観が他人に伝わるとはあまり思っていなかったので、大西さんや講義の参加者からのコメントはとても心強いものでした。実際のところ、自分の話がこれほどちゃんと伝わっているという感覚を持った講義は、これまでほかにありません。

ただ講義の書籍化については少し躊躇もあり、二年ほど進められませんでした。でも二年たっても、いろいろな人から本講義の感想をいただくことが続いたので、しっかりとまとめておいた方がよいと思うに至りました。原稿の一部については、分子疫学者の和田崇之さんと環境政策史研究者の喜多川進さんに読んでもらってコメントをいただきました。和田さんは、私が京都大学理学部で生物学を学んだときの同期生です。この講義を担当することになったとき、和田さんが赴任したばかりの大阪市立大学杉本町キャンパスまで出向いて、コロナ禍についてどのように考えればよいのか議論しました。喜多川さんは環境史研究を通じて長い付き合いがあって、この講義が配信されたときにリアルタイムで視聴してくれました。本書に入っている質疑応答の質問のいくつかは喜多川さんのものです。また編集にあたっては、ナカニシヤ出版の由浅啓吾さんに担当していただきました。

本書の核になっている科学技術観を私が持つようになったきっかけは、何度も述べたように3・11でした。けれども3・11の直後から、そうだったわけではありません。震災の直後には、私は原発が暴走する恐怖におびえていました。関西から見ていると、東京の人たちがいつもどおり出勤して日常を過ごしていることが不思議に思えました。そんなときに天王寺駅でばったり会って議論したのが、アメリカ経済史家の伊澤正興さんです。私はこれからどうなるかわからない原発の状況について話しました。一ヵ月ほどあとに再会したとき、原子炉の冷却も一段落して、私も少し落ち着いていました。その様子を見て伊澤さんは、「日常がいちばん恐ろしいんだ」と言ったのです。この一言の意味を考え続けたことが、本書につながっています。

二〇二三年一月、本書の原稿を書き上げた私は、郷里の鹿児島に帰りました。コロナ禍になってからは数回しか帰ることができず、久しぶりの帰郷でした。三年間放っておかれた両親の生活は一変していました。それから数ヶ月、私は介護という初めて直面する問題に追われ続けています。科学技術社会は、すべてのものを飲み込んでいきます。自然を組み込み、人間を組み込み、災害すらをも飲み込んでいきます。あらゆるものを飲み込みながら日常をつくりあげ、ものすごい速さで突き進んでいくのが科学技術社会です。それはどこかにひずみをもたらします。そのひずみが溜まりに溜まって、小さなひび割れが生じはじめたとき、大きな禍が私たちの身に降りかかってくるのです。

二〇二三年三月一一日

事項索引

人名索引

執筆者紹介

瀬戸口明久（せとぐち あきひさ）
京都大学人文科学研究所准教授。専門は科学史。
著書に『害虫の誕生――虫からみた日本史』（ちくま新書、2009年）、『日本の動物観――人と動物の関係史』（共著、東京大学出版会、2013年）、訳書にロレイン・ダストン、ピーター・ギャリソン『客観性』（共訳、名古屋大学出版会、2021年）。

京都大学「立ち止まって、考える」連続講義シリーズ02
災害の環境史
科学技術社会とコロナ禍

2024年1月20日　　初版第1刷発行

著　者　瀬戸口明久
発行者　中西　良
発行所　株式会社ナカニシヤ出版
〒606-8161　京都市左京区一乗寺木ノ本町15番地
Telephone　075-723-0111
Facsimile　075-723-0095
Website　http://www.nakanishiya.co.jp/
Email　iihon-ippai@nakanishiya.co.jp
郵便振替　01030-0-13128

印刷・製本＝ファインワークス
装幀＝猿人｜ENJIN TOKYO ／ gida_gida

ISBN978-4-7795-1775-4

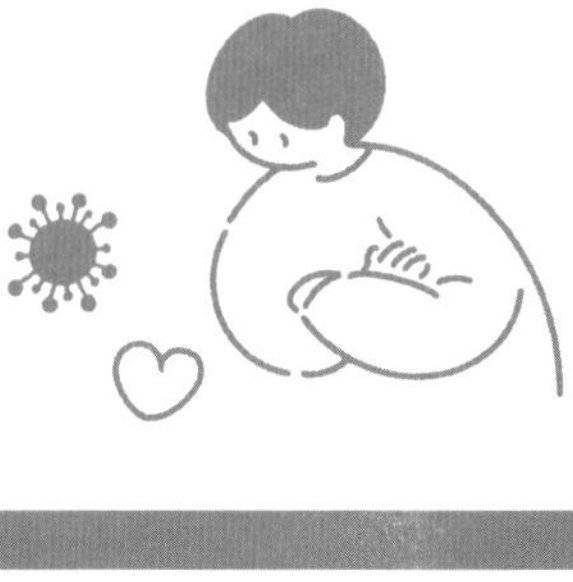